La Regla Kimbisa
del
Santo Cristo del Buen Viaje

COLECCION DEL CHICHEREKU EN EL EXILIO

EDICIONES UNIVERSAL. Miami, Florida, 1986

LYDIA CABRERA

La Regla Kimbisa
del
Santo Cristo del Buen Viaje

P.O. Box 450353 (Shenandoah Station)
Miami, Florida 33145 U.S.A.

© Copyright 1977 by Lydia Cabrera
   All rights reserved

Library of Congress Catalog Card No.:

I.S.B.N.: 0-89729-396-7

2da. edición, 1986

OBRAS PUBLICADAS DE LYDIA CABRERA:
====================================

==EL MONTE (Igbo Finda/Ewe Orisha/Vititi Nfinda)
==CUENTOS NEGROS DE CUBA
==POR QUE (CUENTOS NEGROS)
==ANAGO / VOCABULARIO LUCUMI
   (El Yoruba que se habla en Cuba)
==LA SOCIEDAD SECRETA ABAKUA
==REFRANES DE NEGROS VIEJOS
==OTAN IYEBIYE (LAS PIEDRAS PRECIOSAS)
==AYAPA (CUENTOS DE JICOTEA)
==ANAFORUANA(Ritual y simbolos de la iniciacion
   en la sociedad secreta Abakua)
==FRANCISCO Y FRANCISCA
   (Chascarrillos de negros viejos)
==YEMAYA Y OCHUN (Kariocha,Iyalorichas y olorichas)
   (Las diosas del agua)
==LA LAGUNA SAGRADA DE SAN JOAQUIN
==REGLA KIMBISA DEL SANTO CRISTO DEL BUEN VIAJE
==REGLAS DE CONGO (PALO MONTE-MAYOMBE)
==ITINERARIOS DEL INSOMNIO-TRINIDAD DE CUBA
==KOEKO IYAWO-APRENDE NOVICIA
   (Pequeno tratado de Regla Lucumi)
==CUENTOS PARA ADULTOS NINOS Y RETRASADOS MENTALES
==LA MEDICINA POPULAR EN CUBA.
   (Medicos de antano. Curanderos de hogano)
==SIETE CARTAS DE GABRIELA MISTRAL A LYDIA CABRERA
==VOCABULARIO CONGO (El Bantu que se habla en Cuba)

OBRAS POR LYDIA CABRERA DE PROXIMA PUBLICACION:
===

==VOCABULARIO ABAKUA
==EL CURANDERO. PALEROS Y SANTEROS.
==LOS ANIMALES EN EL FOLKLORE Y EN LA MAGIA DE CUBA
==SUPERSTICIONES Y BUENOS CONSEJOS

ALGUNAS OBRAS SOBRE LYDIA CABRERA:

==HOMENAJE A LYDIA CABRERA(estudios sobre Lydia
  Cabrera y otros temas afroamericanos) Reynaldo
  Sanchez y Jose. A. Madrigal, editores.
==IDAPO(sincretismo en los cuentos negros de
  Lydia Cabrera), Hilda Perera
==AYAPA Y OTRAS OTAN IYEBIYE DE LYDIA CABRERA
  (Notas y Comentarios), Josefina Inclan

La Regla Kimbisa
del
Santo Cristo del Buen Viaje

A José R. de Armas
en reconocimiento a su generosidad y en
recuerdo de los días pasados
en la atmósfera estimulante de la
Universidad de Denison.

ANDRES FACUNDO DE LOS DOLORES PETIT
Y SU REGLA KIMBISA DEL
SANTO CRISTO DEL BUEN VIAJE

Andrés Facundo Cristo de los Dolores Petit, Isué de la Potencia o agrupación de ñáñigos Bakoko, es famoso por haber iniciado a hombres de la raza blanca[1] —de *Mbomipó*— en los misterios Abakuá, consagrando la primera Potencia integrada por blancos en la calle Ancha del Norte número 115 (San Lázaro entre Galiano y San Nicolás), en la Habana, el año 1863.

Los africanos y los criollos negros, que se habían negado a admitir blancos y mulatos en sus agrupaciones, lo calificaron de traidor. Petit se convirtió en una figura conflictiva o detestable: fue "el ñáñigo que vendió el Secreto por ochenta onzas a los blancos",[2] se sigue diciendo cuando se le recuerda, aunque quizá sean pocos los que saben hoy en la capital del exilio, en este inefable Miami, quien fue Andrés Petit.

---

[1] Fundó la Orden Primera María Orisaba de la Habana, en la que le sucedió Andrés Milián. La Orden Segunda de María Orisaba fue fundada por Nicolás Montalván.

[2] —"Petit consagró el primer juego de blancos por fervor patriótico," —nos dice J.M.G.B.— "porque los fundadores de éste, eran jóvenes de buenas familias, estudiantes, que habían sido acusados de conspirar contra España. Nunca medió un interés de lucro. Eso lo inventaron negros voluntarios españoles y fue difundido y explotado por los enemigos de la liberación de Cuba. Por Rodríguez Batista y el celador Trujillo Monagas y otros. El Isué de Mukarará, Marquez de Indarte fundó otras Potencias: Okobio Effor Masongo y Ebión Efor, en el barrio de San Lázaro, Abakuá Efor en Regla, Makaró Efor, de la Plaza del Vapor". Actualmente existen más de cuarenta Tierras o Potencias (agrupaciones de blancos en La Habana, Regla, Marianao y Guanabacoa, las más importantes son: Otán Efor, Eforitongó, Munandibá, Munankebé, Ndibó, Eritanse, Muñongo, Guelley, Munandibó, Biokoko, Itia, Mukanda, Bongorí, Makarí, etc. En la época de la persecución de Rodríguez Batista y de Trujillo Monagas, los obonekue se refugiaron en Matanzas y Biabanga comenzó a fundar allí otras Potencias.

1

Las ochenta onzas "de la traición" sirvieron para libertar a varios "hermanos" esclavos; y en concepto del propio Petit y de otros contemporáneos suyos, la intromisión del hombre blanco en la confraternidad Abakuá sirvió "para fortalecer al ñañiguismo y protegerlo". Y así fue.

Mas la fama de Andrés Petit no se debe exclusivamente a su actuación dentro del ñañiguismo. Fue un gran taumaturgo y de sus milagros nos hablaron muchos viejos que lo conocieron en la Habana y en Guanabacoa, donde lo enterraron el 1889, y aunque algunos pretenden que sus restos se trasladaron del Campo Santo de esta villa al antiguo cementerio de Espada en la Habana, para protegerlos de enemigos que codiciaban su cráneo, o que en efecto, la maravillosa *Kiyumba*[1] fue robada; otros afirman categóricamente que Petit reposa en la misma sepultura, donde iban los viejos Padres de la Institución, sus ahijados y prosélitos a ofrendarle. Allí, los más intransigentes observadores del ritual instaurado por él, lo visitan los días de Jubilación de Padres y depositan una ofrenda de comida[2]. "Todas las Prendas de Petit, menos su báculo, que desapareció, están en Guanabacoa".

Por otra parte, es muy curioso que muchos de sus continuadores, Padres públicamente conocidos por sus nombres secretos, como Tronco Seiba, Monte Carmelo, Siete Rayos, Padre Cachimba —"el Padre Cachimba, que no tenía entrañas para preparar *mpolo* (polvos) mortales y al que cuando lo montaba la Inspiración[3] lo arrastraba por los suelos y había que rogarle, "Suéltalo, suéltalo, suéltalo lo lo como el Padre lo manda", para que lo dejase. No obstante su adhesión a la Iglesia Católica todos estos Padres están enterrados en el Cementerio Protestante de la Habana. La comida que se le ofrece a los Muertos en el cuarto cerrado de un Templo Kimbisa en la fecha del primero de año, se les lleva al cementerio.

En "La Sociedad Secreta Abakuá narrada por viejos adeptos",

---

[1] Cráneo, —en bantu.

[2] También se dice que fue sepultado con su Nganga, Tronco o Fundamento; pero esta versión, aunque oída a un famoso Padre: "Petit quiso que lo enterraran con su Nganga y la metieron en su féretro", no parece probable. Tal deseo no era misericordioso —ya se verá por qué— y por lo tanto indigno del sublime *Mpabia*. Es preferible, y además lógico, pensar que su Mayordomo y discípulo preferido la incluyera como también se dice, en su fecunda Nganga Mamá Lola, de la que han nacido todos los Troncos del Santo Cristo del Buen Viaje: Troco Ceiba Ngundo, Tronco Liri, Cuatro Vientos, Tronco Va Ceiba, etc.

[3] Caer en trance. "Inspiración", "recibir una inspiración", se dice a ser poseído por uno de los Santos católicos que actúan en la Regla Kimbisa.

contamos algunas anécdotas de Petit, personaje verdaderamente legendario que "conoció a fondo todas las religiones", pues era Terciario, habitaba con los franciscanos en el convento de estos en Guanabacoa y recogía limosna para ellos. Había visitado al Papa, aunque esto muchos lo negaban; estuvo en Canarias y en Guinea, era *Abiocha* (dueño de Santo, de un *Oricha* lucumí), dueño de Nganga, Mayombero, brujo e *Isué* (alto dignatario de la Sociedad Secreta Abakuá.) Sabía latín, anagó (lucumí) y los siete dialectos bantú que se hablaban en Cuba...

"Era un caballero en sus tratos, un mulato claro de muy buena presencia, elegante aunque usaba siempre sandalias o iba descalzo. Muchos blancos eran ahijados suyos; la nobleza lo consultaba". "Hacía milagros." "Leía el pensamiento".

Cuando aumentan las pugnas de unos ñáñigos con otros, arrecia el odio de negros a blancos y a mulatos intrusos en el culto a Ekue, —"y no ha desaparecido del todo entre los ñáñigos cierto racismo... por ejemplo, los Uriabón, que tienen su templo en Pogolotti, juran[1] mulatos, pero no juran blancos. Gumá Efó no jura blancos. Sólo a uno, porque guardó los secretos de Gumá, los Santos Atributos, en tiempos de la persecución y porque era un ñáñigo ferviente, lo juraron en recompensa, pintado de negro".[2]

Petit, para proteger y defender de venganzas y maleficios a sus partidarios, decide fundar la Regla Kimbisa del Santo Cristo del Buen Viaje, dejándonos en ella el modelo más acabado de sincretismo religioso que se produce en Cuba:

—"Kimbisa," nos explica un Padre Maestro de esta Regla que contaba con muchos adeptos en 1959, "fue congo, lucumí, espiritista y católico. ¡Lo reúne todo!", y un Oloricha: "Petit hizo un ajiaco, un revoltillo, cogió de todo: trabajó con Palo, con Ocha, con Santo; metió el espiritismo, la brujería, la iglesia, cuanto encontró, para vencer".

Sin embargo, nos parece que el Isué de Bakokó, el Primer Padre de los Kimbisa del Santo Cristo, tomó más de los congos que de los lucumí, como se advertirá más adelante. "Si por fuera tiene la capa

---

1 —"Cuando fue a Roma a visitar al Papa," —me ratifica un Padre Nkisa, Jefe del Templo 12— "el Papa bendijo su bastón y le dio autorización para que a su regreso fundara las congregaciones de aspecto católico del Cristo del Buen Viaje y San Benito de Palermo".

2 —"Por mis obras se me juró de botella (gratis)", me comenta otro Abakuá de piel muy clara, "en *Munanga* que sólo tenía cuatro blancos. Se dieron cuenta, como dijo Petit, que si había blancos en las Potencias nunca dejaría de haber ñáñigos, y juraron a Salivita, a Magriñá, a Jorge Abasí, y luego a doce más".

guarabeada, de lucumí· y de blancos, el forro lo tiene de congo", opina un informante.

Del sincretismo de la secta, del marcado predominio de lo bantú en ella, nos da idea —así como del misticismo de sus prosélitos— esta oración elegida al azar.

> *"Sala maleko maleko nsala*
> *Sambia y Doña María que encubre a Sambia[1]*
> *Con licencia San Pedro, San Roque,*
> *San Sebastián, Cachimba, Mamá Canasta,*
> *Kiyumba, Cuatro Esquinas, Guardiero Nganga,*
> *Plaza Liri, Mamá Calavera.*
> *No hay mundele que me nkangue,*
> *Con licencia mi Padre Nganga.*
> *Abri kutu wirindinga.[2]*
> *Quien debe pena pague nfinda*
> *Yo, San Pedro, a vuestros pies*
> *Te pido que me des poder para vencer."*

No le faltaban detractores de la raza de color a la Regla fundada por Petit.

—"Un arreglo para mulatos y negros catedráticos", me decía un Palero recalcitrante. Pero contra esos prejuicios de "paleros rasos" copiamos lo que un iniciado que cursó la primera enseñanza y leía mucho, pensaba:

—"Primeramente, en vez de Kimbisa puede decirse Quien Vence. A Andrés Petit por sus grandes poderes naturales, la Providencia le encomendó fundir tres en uno, congo, lucumí, católico, para que los que estamos en el seno de su Institución, con más fuerza nos abramos paso en la vida, nos resguardemos de peligros en lo material y nos elevemos en lo espiritual. De manera que esta religión lo tiene todo, Muerto, Palo, Ocha, Santos, lo aprovecha todo".

—"Andrés Petit fue un bienhechor de la humanidad", le cedemos la palabra a otro cofrade, "y nosotros los que practicamos su religión juramos hacer el bien con todos los secretos del negro y del blanco... Por eso decimos: Kimbisa quien vence vence batalla. Tiembla tiembla, (que es Nuestra Señora de las Mercedes) nunca cae. Día que tesia mundo cae. Santo Cristo del Buen Viaje Andrés Facundo de los Dolores Petit. Sobre todas las cosas adoramos al Espíritu Santo. Llamamos Nkisi al Santo Cristo. Este crucifijo que usted ve y que

---

[1] Sambia, Dios. Doña María, la Virgen María.
[2] Abre los oídos y oye lo que digo.

4

dentro tiene su brujería, nos acompaña siempre. No hay Kimbisa que no lo lleve puesto. Es obligatorio; sin El no somos nada, es nuestra fuerza, todo.

Andrés Petit aprendió con los congos y con los carabalíes; sí señor, era mayombero, pero nuestro mayombe (brujería) es cristiana, es buena, es de Dios. Por eso sólo hacemos el bien; nos defendemos y desbaratamos daños. Y para nuestro bien y el de todos, y para defendernos, lo mismo vienen a nuestra Institución los santos lucumí que los católicos y los muertos. Nuestro guía es San Luis Beltrán. Este Santo baja y nos da instrucciones. Pero no decimos "baja o que monta el Santo", nuestra costumbre es decir que viene la Inspiración, aunque monta igual que un ocha o un fumbi."[1] Bajo la dirección de San Luis Beltrán hacemos los "trabajos"[2].

Nuestro Guardiero es un caldero de hierro, es Sarabanda, San Pedro en lo católico, Ogún en lo lucumí, otro guía y protector nuestro. Consideramos que Sarabanda es también como Osain, San Silvestre, el dueño del monte.

Los congos que más nos visitan y que más trabajan son Nsasi, Boma Sere, Gallo Ronco y Siete Rayos, que es la misma Santa Bárbara: Changó, candela en todas partes. Tata Fumbe también, que es San Lázaro, Pata Llaga y Babalú Ayé. Y viene la Virgen María; Mamá Kengue, la Virgen de las Mercedes, Obatalá. Chola Wengue, Mama Choya, Choya, la Caridad del Cobre, la Santa mulata que todos adoramos".

En loor a la Patrona de Cuba, mi informante kimbisa cantó:

Ntonche ntonche a la mutanché
Mi Chola Wengue a la mugué
Ala muguedé kimbere ton ché
Mamitica chikiribí
Mamitica Chikirí ndunba.

Baluande, Madre Agua, Madrecita de los congos, Mama Umba es la Virgen de Regla.

Baluande bó Baluande bó tuki la kuenda; y Oyá, Centella Ndoki, ¡Oyá Mariampemba cómo vuela! que es la Virgen de la Candelaria, que llamamos Mariwanga:

Mari Wanga
Mari Wanga yarinibán
Kereré é bongué
Mari Wanga.

---

1 Espíritu de un muerto.
2 Embrujos, ligamentos, polvos mágicos, filtros, etc.

Sucedió al fundador del Santo Cristo del Buen Viaje su ahijado Andrés Valdés, alias Andrés Kimbisa, por su compenetración con el Maestro, y a Valdés, en cuya Nganga, Tronco Mamá Lola está metida la de Petit, lo sucede Timoteo Morán. Su Nganga, Casimiro Tronco Vá a Ceiba Ngunda, la heredó su ahijado José Torres, que era dueño de Ceiba Ngunda, según nos ha dicho un excelente Babalawo exiliado en Miami, que protegió a Torres hasta que murió este gran kimbisero en los finales de la década de los cincuenta a la edad de ciento siete años.

Otra de sus Ngangas, Luna Nueva, era la única Nganga kimbisa que se le sacrificaba jutía.

Mucho me interesaba conocer a Torres —jefe supremo del clero kimbisa—, pero los viejos que por entonces me rodeaban, unos ñáñigos, otros santeros, lo impidieron, sobre todo un mayombero pocos años más joven que él: José Torres estaba muy enfermo, y ponderándome su sabiduría, su vitalidad, "su espíritu fuerte", me confesaron que temían se le ocurriese, como seguramente había hecho con otras personas a fin de prolongar su vida, "cambiar vida conmigo"[1], esto es, aprovechando mis visitas y mi confianza, apoderarse de mi energía vital. Mi amigo Babalawo protestó de tal suposición cuando le conté por qué motivo nunca pude entrevistarme con este último Taita ilustre, émulo de Petit, que fue, a pesar de no haber puesto un pie en Africa, "todo un ejemplar de africano", un congo de cuerpo entero. José Torres, por su bondad y rectitud, no le hubiera hecho daño a nadie, aunque cuando justamente castigaba, aniquilaba.

Estos fueron los continuadores más fieles de Andrés Petit: Valdés, su mujer Rita Rodríguez, Madre Nkisa de autoridad reconocida; Morán y Torres, los principales de la Institución. Otros nombres que no se pueden olvidar son los de José Rosario Alday, Anastasio Bravo, Clara Galíndez, Alfredo Gayot —"padrino de aquel Silvestre que tenía un majá que venía a su Nganga en cuanto oía su chiflido"— a Alfredo Agüero, Chano Siete Rayos, Antonio Chacón, muy conocido, trajo del campo su "cazuela", su Nganga, para pertenecer al Santo Cristo del Buen Viaje y se jubiló en casa de José Torres, San Joaquín 2. Fue dueño de Luna Nueva y se llamó Padre Cuatro Vientos Nganga. Chacón tuvo por Mayordomo a Víctor González, Cuatro Vientos. La lista es larga.

---

[1] No confundir la absorción de la fuerza vital de un individuo con el "cambio de cabeza" o "de vida", operación mediante la cual se hace pasar a un objeto (un muñeco, una cepa de plátano) el mal que aqueja a una persona. El muñeco o la cepa, con los trajes del enfermo se entierran en el cementerio y así se burla a la Muerte. Este procedimiento lo utilizan los congos y los lucumí —los santeros y paleros—, y "ha salvado muchas vidas".

Con nuestro respeto a la memoria de Andrés Facundo de los Dolores Petit, y a la de todos los Padres y Madres kimbisa sus sucesores, hacemos uso al cabo de muchos años del permiso que obtuvimos de los que continuaban en Cuba —y acaso aún a lo sucu sumucu— alternando en sus templos, Credos, Ave Marías y Padre Nuestros, con rezos en bantú, yoruba y manawa[1], para publicar estos apuntes, reiterándoles mi gratitud por sus informaciones y enviándoles, aunque no les llegará, un recuerdo afectuoso en las personas de Miguel y de Alicia.

Pero antes de seguir adelante, al pensar que algunos lectores de estos apuntes no están familiarizados con las creencias religiosas que los esclavos africanos aportaron a la Isla de Cuba, van a tropezar de continuo con términos que les son del todo desconocidos, como *Nganga* y *Nkiso,* creo que una breve explicación que aclare su significado facilitará su comprensión y hará menos confusa su lectura.

Nganga es la cazuela en la que está el alma de un muerto, sometido por su voluntad y mediante un pacto con el individuo que le rinde culto ("lo alimenta") y al que ayuda con su poder de ultratumba. (Nganga quiere decir Muerto).

Nikisi —o Nkiso— es el caldero de tres pies en que se tiene un Nkisi, un espíritu de la naturaleza —del bosque o del agua— y del que se sirve el Padre Nganga o el Padre Nkisi, para sus obras.

En este sentido Nganga y Nkisi son los recipientes que contienen espíritus y fuerzas de la naturaleza que viven, "están", como se dice corrientemente, acompañados de otros elementos —"la carga"— necesarios que el Padre Nganga o Padre Nkiso —que es la misma persona— toma —pagando los "derechos", tradicionalmente convenidos—, del cementerio: tierra, huesos, dientes, etc., y de la naturaleza, del bosque, del río, del mar: palos, raíces, yerbas, arena, animales. Así en estos recipientes se concentran y se tienen todas las fuerzas de la naturaleza. De las Ngangas se coge un poco de las sustancias originales y se mezclan con las que se recogen para construir otras nuevas: "las Prendas nacen unas de otras".

Fundamento o Tronco, que aparecerá escrito muchas veces en estas páginas, es el nombre que recibe la Nganga principal y progenitora de las que se dan a los "ahijados", iniciados y futuros Padres Ngangas. "Gajos" suele llamarse a estas "hijas" de Ngangas.

De la "carga" de Ngangas y Nkisos, se introduce una pequeña cantidad en otros objetos que se fabrican y sacramentan para la protección de los adeptos del templo o para quienes los necesitan o los solicitan —Mpakas, Makutos, Resguardos.

---

[1] La mezcla de palabras españolas y africanas.

Hay muchas clases de Ngangas, pero no hay por qué alargar aquí esta nota. Recuérdese que cuando un informante alude al Fundamento o al Tronco se refiere a la Prenda, Nganga o Nkisi principal de su Templo, o de la Regla, "la que manda a las demás". En la Regla fundada por Petit, como se verá, es la Nganga el objeto de adoración principal.

TEMPLO. SACERDOCIO Y RITUAL

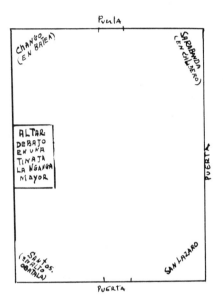

El Templo de una Regla Kimbisa del Santo Cristo del Buen Viaje es por lo regular, como el *Nso* de los congos y el *Ilé-Oricha* de los lucumí, una habitación en la morada de un Padre, destinada a guardar en ella los "Fundamentos" del culto. Eran numerosos los templos de esta Regla en La Habana. Para describirlos nos guiamos por el que existía en el Cerro —o quizás aún exista— el del Padre Maestro Oscar Hernández.

A pesar de la gran influencia conga que predomina en la Regla, sus templos no presentan el mismo aspecto desastrado, la desnudez que caracteriza a los más genuinamente congos, no ya en el campo sino en la misma Habana.

En estos Kimbisas del Santo Cristo hallamos, como en los *Ilé-Orichas*, imágenes de bulto de Vírgenes y Santos, Crucifijos y estampas. Es decir, un altar con una imagen de San Luis y en medio un Cristo crucificado, litografías de Nuestra Señora de las Mercedes, de San Pedro, de San Antonio, y muchas ramas de albahaca, planta muy apreciada por los Kimbisa, "que trabajan mucho con ella".

Oculto debajo del altar, en una tinaja, está el Fundamento principal, que sólo pueden manipular los Padres Maestros.

En una esquina de la habitación, en una rinconera, está Sarabanda —Ogún, Ochosi y Eleguá reunidos—, una de las grandes fuerzas del templo, su guardián, en caldero de hierro. En otra, Changó, su matari o piedra dentro de una batea de madera gruesa, tapada y cubierta con un género rojo. En vez de colocarse la batea sobre un pilón, como se acostumbra en los *Ilé-Orichas*, reposa sobre una banqueta.

Frente a Changó, en otro ángulo de la habitación, se tiene a los "Santos".

En una tinaja en el suelo a Yemayá. Dentro de una sopera a Ochún. En una repisa en alto, casi al lado del altar, a Obatalá, y frente a Sarabanda, en la otra esquina, en un plato grande o fuente de losa, a San Lázaro.

Cada templo o grupo, está regido por un Padre Maestro, un Primer Capacitado y un Segundo Capacitado, de acuerdo con los estatutos de la Institución —lo que un Mayombero o Palero entiende por Padre Nganga, Padre Nkisa y Mayordomos.[1]

Para mayor exactitud copiamos de la Constitución del Santo Cristo del Buen Viaje, los deberes que se les imponen a estos primeros Capacitados.

"1. Atender y cuidar, aún más que al Padre Maestro, al Fundamento.

2. Preparar el templo para celebrar un rito.

3. No abandonar el templo, hallarse presente cuando se efectúa alguna ceremonia o algún rito aunque sea de menor importancia.

4. Asegurarse de que todo el que penetre en el templo, se despoje (purifique).

5. Concurrir a rituales que se celebren en otros templos, y en ocasión de una fiesta oficial auxiliará en ellos si el Padre Maestro lo

---

[1] En "Reglas de Congos, Palo Monte o Mayombe", hemos señalado la importancia y la responsabilidad que concurren en el cargo de Mayordomo de Nganga.

desea y le pide su concurso. (Art. 25, inciso 2 y 3 de los Estatutos.)

6. No se presentará en ninguna fiesta oficial de la Institución sin revestir el hábito ordenado. [1]

7. Elegirá a los Siervos [2]; atenderá a los que van a despojarse.

8. Ordenará cortésmente al Segundo Capacitado, Apóstol Luz del Día, o a otro hermano de menor categoría, lo que estime necesario hacer en el rito que se esté practicando.

Los Segundos Capacitados o Apóstoles Luz del Día:

1. Tienen la obligación de auxiliar al Primer Capacitado en la preparación del templo cuando va a celebrarse un rito.

2. Estarán a las órdenes del Primer Capacitado cuando éste oficia, para asistirlo.

3. Auxiliará al Primer Capacitado cuando asiste y oficia en cualquier templo de la Institución si éste se lo pidiese, o a otro Primer Capacitado que solicite su ayuda.

4. Encenderá la pólvora en los trazos que se dibujan en el suelo para preguntar o "dar salida"[3], y borrarlos para que no se perjudiquen si se pisan.

5. Estar atento a las llamadas de la puerta.

6. Igual que los Primeros Capacitados, no se presentará en ninguna fiesta sin el hábito ordenado.

Los Segundos Capacitados sustituyen al Primer Capacitado en todas sus funciones (Art. 24, Inciso 1), y cuando esto sucede gozan de las mismas prerrogativas que éstos.

Los Auxiliares de los Segundos Capacitados se llaman Apóstoles del Camino. Llevan los "trabajos" al lugar que el Padre Maestro indica, a la calle, al mar, al río, al cementerio.

Cobran los derechos de los trabajos. Estos tres auxiliares del Padre Maestro —a los que se sigue dando los nombres bantú de *Nganga Nkiso, Nfumo,* etc.— están exentos de pagar la cuota que se fija a todos los afiliados para la buena conservación de los templos.

Las mujeres, con el título de Madres, al igual que los hombres, desempeñan el mismo importante papel en la Regla Kimbisa del Santo Cristo del Buen Viaje, cuidando de la disciplina, del culto a los Santos, del ornato y mantenimiento del templo; del orden y de la moralidad de los fieles. Atienden a las mujeres que asisten a los ritos y fiestas.

La Madre del templo es ayudada por Capacitadas y Siervas. En el mismo tono afectuoso que se recomienda emplear a los Padres con

---

[1] Un manto blanco.
[2] Individuos de confianza, personal del templo.
[3] A los espíritus y trabajos de magia.

11

sus subalternos, le mandará hacer a su Capacitada o a su Sierva cuanto considere necesario o conveniente a la ejecución de algún rito, e impondrá el orden que deben observar los congregados el tiempo que dure la liturgia. La Madre del Templo designa a las que han de asistirla en estas funciones. En su ausencia, por enfermedad u otra causa, la Capacitada o la Sierva la sustituirá, más no representará la categoría de su grado. En resumen: cada Templo tiene un Padre y cada Padre tiene un templo. El Padre tiene dos Capacitados, y ahijados que pueden ser muy numerosos. Si el Primer Capacitado o Mayordomo, muere, el Segundo hereda el cargo, y se inicia a un ahijado para que sea Segundo Mayordomo. Todos los ahijados pasan por una primera iniciación. Un jefe supremo manda a los demás.[1]

De la armonía y solidaridad de los "confederados" de su Regla mucho se preocupó Petit; quiso que, al contrario de lo que ocurría en sus tiempos entre los ñáñigos, sus kimbisas se sintieran en paz y fuertemente unidos por los lazos de la fe y la fraternidad. La amonestación a los Padres Maestros que va a leerse a continuación nos fue recitada por un Capacitado. Se le dice al que se ha consagrado y revela esa noble ambición de Petit y el barniz católico con que se empeñó en cubrir sus creencias y prácticas africanas.

Bienaventurados los pacificadores porque serán llamados hijos de Dios.

Este fue un mensaje de Cristo a sus discípulos para que emplearan su sabiduría y poder en apaciguar las luchas suscitadas por los diversos conceptos que de Dios tienen los hombres.

También dijo: vosotros sois la sal de la tierra, y si la sal se desvanece ¿con qué será salada? No valdrá más para nada sino para echarla fuera y que la huellen los hombres.

Así amonestó Jesús a sus discípulos para que no fracasaran en su misión de servir con sus pensamientos y acciones de levadura en la masa de la humanidad. El uso de la palabra "sal" es familiar. Los manjares sin sal son desabridos; los discípulos eran la sal que había de sazonar perfectamente la tierra. Pero si un grano de sal perdía su virtud sazonadora nada era capaz de restituírsela y sólo serviría para

---

[1] Ese Jefe Supremo, cuando supe de la existencia del Santo Cristo del Buen Viaje, era precisamente el famoso José Torres.

echarla en un montón de desechos.

Así como Jesús amonestó a sus discípulos, debes darte por amonestado, Padre Maestro de esta Institución Religiosa "Quien Vence".

La sal tiene por objeto sazonar, y el deber tuyo, Maestro electo, es sazonar a la humanidad.

Vosotros, Padres Maestros, sois la luz que debe alumbrar el sendero de todos, para que vean vuestras buenas obras y glorifiquen vuestro nombre cuando la verdad y la razón hayan desaparecido, y queden gratos recuerdos de sus buenas obras realizadas en pro de haber elevado a su más alto nivel la moral de la Institución con su ejemplar proceder de unión y fraternidad entre todos, y que esto ha constituido la fuerza por la que ha podido vencer todos los obstáculos.

Por lo tanto, Padre Maestro, en ti está el cumplimiento de tu juramento prestado y sellado con tu sangre ante el Cristo Crucificado, la Pieza Poderosa de la Fe, y de todos tus hermanos, de respetar y evitar toda clase de rencillas que menoscaben la paz, unión y fraternidad que debe existir para la bienandanza, prestigio y progreso de esta Institución Religiosa "Quien Vence".

Así es, Padre Maestro, el deber que tienes y la forma cómo debes proceder, acogiéndote a los Estatutos vigentes de esta Institución.

Así, Padre Maestro, ten en cuenta lo que Jesús dijo en un mensaje a sus discípulos: No juzgueis para que no seais juzgados, y con la medida con que midiéreis os volverán a medir. ¿Por qué miras la mota que está en el ojo de tu hermano y no echas de ver la viga que está en tu ojo? ¡Hipócrita! ... echa primero la viga que está en tu ojo, y entonces mirarás en echar la mota del ojo de tu hermano".

NAZARENO

Las ceremonias más importantes que tienen lugar en la Regla son: las de la Iniciación (Kimbansa de Iniciación) y Jubileo de Padres. La fiesta del Santo del Templo, Padre espiritual y Guía del mismo, San Luis Beltrán. La despedida del Año Viejo y el advenimiento del nuevo, fecha en que se ofrece de comer a los muertos a las doce de la noche. El 5 de septiembre, la fecha del Santo Cristo del Buen Viaje. Y no menos importantes, para la salud y el alma de ahijados y prosélitos, son los demás ritos: purificaciones, santiguaciones, ensalmos, sacrificios, "registros", *Nkangues.*

Repetimos que las divinidades que más se veneran son: Sambi, "Sambia primero que toa las cosas", Dios.

El Santísimo – Kunankisa. Santísimo Sacramento – Inkisi.

San Pedro – Sarabanda (Ogún, Ochosi y Eleguá reunidos).

San Pablo – Nkuyo.

San Roque — Cachimba.

San Francisco — Nsambia Munalembe (Ifá, Orula).

San Norberto — Nkuyo Watariamba (Ochosi).

San Lázaro — Nfumbe, Tata Fumbe (Abalú Ayé).

Santa Bárbara — Nsasi, Gallo Ronco, Torito de la Loma, Bomasere, Muilo, Siete Rayos (Changó).

La Virgen de Regla — Baluande, Mamá Umbo.

La Virgen de las Mercedes — Mamá Kengue (Obatalá).

La Virgen de la Caridad del Cobre — Choya, Choya Wengue (Ochún).

La Virgen de la Candelaria — Mariwanga, Centella (Oyá).

Padres, Mayordomos, fieles, son poseídos por Santos y espíritus, y este fenómeno que se observa en todas las religiones importadas por los africanos, que los kimbisa llaman "recibir inspiraciones" ("Muerto o Santo hablando por boca de uno"), es provocado, como en las otras Reglas, por invocaciones y cantos, aunque puede producirse inesperadamente, por la voluntad de un Santo o de un espíritu, en cualquier circunstancia.

El Arcángel San Miguel, San Antonio, San Luis Beltrán, San Benito de Palermo, son los que en estas "inspiraciones" o trances, ordenan lo que ha de hacerse. Dirigen la composición de un *Nchila*[1], de un remedio o de un "bilongo"[2].

Cuando en sus fiestas bajan Santos u Ochas lucumís y se adueñan de sus mediums, "caballos" o *Ngombes*[3], estos bailan en rolde con los prosélitos, como hacen los lucumí, pero dan los pasos saltando, el ritmo es más vivo, los bailes más agitados.

Para celebrar una ceremonia, cualquier rito por sencillo que éste sea, y en toda ocasión, se *Nkangan,* es decir, se "amarran" las cuatro esquinas del templo para defenderlo y mantener alejada a la policía.

Se toma polvo o tierra de las cuatro esquinas, briznas de la yerba pata de gallina, que llaman *Kimbansa,* "rastro", tierra de la que contiene el Fundamento o Nganga, y del caldero de Sarabanda, y del se pone entre dos pajas de maíz dispuestas en forma de cruz.

---

1 Talismán, amuleto, resguardo.

2 Brujería, hechizo.

3 Ngombe, nombre que se da al medium en las Reglas de Congo..

Se rocía con chamba —aguardiente—, ajo, ají picante y jengibre, la bebida que se espurrea sobre las Ngangas— y el Padre reza tres Padre Nuestros, tres credos, tres Ave Marías y empieza a "lingar" (atar), a "trabajar", a dar vueltas a las pajas torciéndolas hacia adentro, apretándolas y rogando en cada uno de los tres nudos que se hacen en cada *Makuto,* y cantan:

Arrurrú Kángala Silá
¡Como Nkángala!
Arrurrú Nkángala Silá

Estos makutos, nkangues o pequeños envoltorios se colocan en cada esquina.

Primero el Padre, luego el Mayordomo y a continuación todos los ahijados, dan tres patadas en el suelo y pisan los makutos, que vuelven a rociarse con chamba y reciben bocanadas de humo de tabaco. El siervo que ha sido elegido para llevarlos los deposita en las esquinas: que así se han amarrado. Al mismo tiempo, en un ángulo de la habitación destinada al santuario se tiene una palangana con agua y una vela encendida. Se traza el signo (bangó) de los muertos, y un ahijado los invoca y les reza.

Bisongo, les llama X. a estos cuatro guardianes, y nos describe detalladamente cómo *nkanga* en su templo:

"Cogemos cuatro pajas de maíz y dentro de la paja ponemos cuatro granos y un poco de kimbisa, amarramos de afuera hacia adentro y hacemos un nudo. Escupimos tres veces por encima del caldero (Fundamento). El masango se pasa siete veces por arriba de la vela y se colocan siete montoncitos de pólvora delante del masango. Luego se enciende la pólvora, que se llama *fula.* Se escupe tres veces más y se llevan a las cuatro esquinas. *Mabanda siré."*

"Yo le aseguro que una vez que se han amarrado las cuatro esquinas (nsilas) con las tierras —rastros decimos nosotros—, que dos personas van a recoger y lo guardan en distintos papelitos, trocándolos, cruzándolos ¿entiende? el rastro de una esquina se pone con el de la otra esquina y se le añade un poquito de la tierra, del polvo y de los palos que tiene Sarabanda, amarrados con nudos bien fuertes, pisados por todos nosotros con el pie izquierdo, no hay que temer que se aparezca ningún *gando*[1]. A este trabajo se le da salida como a todos, quemando pólvora sobre un trazo que parece una culebra, para que vayan tranquilamente a poner los masangos adonde deben estar, las dos personas que trajeron *ntoto*[2] para el *nkangue".*[3]

---

[1] La policía.
[2] Tierra.
[3] Amarre.

15

Esta precaución de anticiparse a una intromisión policiaca o a cualquier género de contratiempo poniendo en juego los recursos de una magia defensiva se tiene en todos los templos de Reglas africanas. Me contaban que para desviar los pasos de la policía, las viejas Iyalochas empleaban excremento de carnero, de perro y de gato, vergonzosa, amansa gruapo y cascarilla. Todo esto, tostado, molido y cernido muy fino, se metía en un recipiente que se guardaba junto a la sopera que contiene la piedra de Obatalá. Los días en que se celebraban los ritos de una iniciación (kari Ocha) u otras ceremonias del culto, se soplaba ese polvo en las cuatro esquinas, con unas partículas de manteca de cacao. También se tuestan y se reducen a polvo hojas de trébol, maravilla y yerba de orilla. Se esparce en la puerta y en las dos esquinas.

LA INICIACION

El aspirante a formar parte de la congregación fundada por Andrés Petit, sólo será digno de pertenecer a ella si su conducta es honorable. Se tienen muy en cuenta, por lo menos teóricamente, sus antecedentes morales, y aún por algún tiempo, se vigilan sus pasos, como en las Potencias Abakuá, para confirmar si merecen crédito los buenos informes que se tienen de él.

Los "requisitos" de entrada, los juramentos ponen de manifiesto al ñáñigo, al Abakuá —*faramán Ekue*— que alentaba en Petit.

El futuro kimbisa purificado y santiguado, vendados los ojos, es conducido a la puerta del templo —en el que todo ha de estar sacramentado— y que permanecerá cerrado el tiempo que dure esta primera iniciación o "primer paso".

En una segunda iniciación o "segundo paso" se consagrará Mayordomo.

El grado de Padre Maestro lo obtendrá en una "tercera iniciación".

Acompañan al neófito una Madre y el Segundo Capacitado. Un Padre —el conductor—, tocará a la puerta, y otro, el recibidor, preguntará desde adentro:

—"¿Quién viene a interrumpir nuestro trabajo?"

El Padre Maestro o conductor, se apresura a responder:

—"Un profano que anda errante y desea pertenecer a nuestra Institución."

—"¿Cómo ha podido, decidme, Padre Maestro, llegar hasta aquí ese profano?"

—"Porque es de buenas costumbres, es libre y ha venido por su propia voluntad."

—"Si es así, preguntadle si cree en un Ser Supremo".

—"Cree."

—"Si es así, entradlo Padre Maestro. Veremos si es digno de la gracia que solicita, pero que antes lave sus manos. El agua se usa en las prácticas simbólicas para lavar las manchas del alma. Que lave las

suyas para que se despoje de las malas influencias que puede traer."
Se le hace entrar. Se le lleva frente al altar donde está el Fundamento o Tronco —la Nganga— y el Cristo, y allí se le endilga esta bellísima monserga.

—"Profano ¿qué veis? El hombre" (si es un hombre el que se inicia) "o la mujer (si es una mujer), está rodeado de vicios y pasiones. Busca en vano la ventura por todas partes, desea conocer las causas, y ofuscados sus sentidos sólo encuentra oscuridad, tinieblas. El genio del mal lo persigue por doquiera y lo hace instrumento de discordias y desgracias porque el mundo está lleno de malvados. La Institución "Quien Vence" adora al Santo Cristo del Buen Viaje y también tiene sus imperfecciones como todas las humanas, pero busca con anhelo encontrar los seres que estén dispuestos a no pensar en la maldad. Di Profano, ¿qué le debes a Dios? Le debemos la existencia, el ser, el alma, esa alma que es su divino soplo, que vuelve a unirse al todo del que salió. ¿Qué nos debemos a nosotros mismos? Nos debemos el honor, la verdad, el estudio, la instrucción para mejorar y seguir el sendero de la vida para encontrar la verdad."

—"Decidme, cuando la verdad y la razón desaparecen, ¿qué nos queda, que nos distinga de los demás animales? El recuerdo de las obras buenas que realizamos al paso por esta vida."

—"¿Qué le debemos a nuestros semejantes? Les debemos mucho, muchísimo, porque sin ellos no somos nada. El egoísmo, la perversidad son males que tenemos que desterrar y someternos al Ser Supremo, Justo Juez de vivos y muertos, para que con su influencia podamos vencer a nuestros enemigos visibles e invisibles."

—"Decídme: ¿deseáis pertenecer a esta Institución?"

—"Decídme: ¿estáis dispuesto a sellar con vuestra sangre el juramento que vais a prestar ante los que serán vuestros hermanos? ¿Estais dispuesto a prestar catorce juramentos que sellaréis con vuestra sangre?"

Esta tirada en castellano que asombrará, así como otras, por su estilo, a los que están familiarizados con el culto a los Orichas o con las Reglas de Palo Monte —digamos puras--, me la permitió copiar un "Mpanguiame" de Mamá Luisa Cuatro Vientos Nganga Fiota, cuando el Jubileo de X. el 6 de enero de 1943, hace la friolera de treinta y cuatro años. Los juramentos son los siguientes:

1. ¿Jura por la existencia de un Dios?
2. ¿Jura ser libre y religioso?
3. ¿Jura amar y haber amado a sus padres?
4. ¿Jura ser humano y caritativo con sus semejantes?
5. ¿Jura aceptar y obedecer las Leyes y Fundamentos que rigen en

18

el interior de esta Institución que desconoce y va a conocer?

6. ¿Jura cumplir las obligaciones y sacrificios que esta Institución impone a sus siervos para su particular bienandanza?

7. ¿Jura tener aptitudes adecuadas para comprender el ideal y aplicarlo a las formas de esta Institución?

8. ¿Jura categóricamente bajo palabra y ante el Crucifijo que tiene en su mano que no ha sido inducido por ningún malvado, y si se ha ofrecido libre y espontáneamente a entrar en su seno?

9. ¿Jura abrigar el deseo de saber con el fin de ser útil a sus semejantes y fiel a la Institución?

10. ¿Jura perdonar a su enemigo?

11. ¿Jura no blasfemar ni maldecir?

12. ¿Jura no traicionar esta Sagrada Institución?

13. ¿Jura atender a sus hermanos aún a costa de sacrificios, en una desgracia, en caso de prisión, enfermedad o muerte?

14. ¿Jura no desviarse jamás de estos principios poderosos que dan sabiduría espiritual?

Estos catorce juramentos que habeis prestado ante el Cristo Crucificado y la Pieza Poderosa que teneis delante, si con fe lo habeis hecho, transfigúrense vuestros pasos en honor a la Divina Majestad. Si de mala fe, que seais maldito y que el peso de la más dura penalidad destruya el más precioso sentido, y expiad así vuestra asquerosa culpa.

El Padre se dirige a sus Capacitados y les dice:

—"Preparad la palangana para recibir la sangre". Y a los neófitos:

—"Así sellaréis con sangre vuestros juramentos. ¿Estais arrepentidos? Si lo estáis podéis marcharos si queréis; estáis a tiempo."

Se cumple el rito de la comunión que luego nos será detallada, y el Padre termina:

—"Según San Pedro y San Pablo sellaron su fe con su sangre, sella en primer grado con la tuya en el nombre de la Santísima Trinidad para que penetres con fuerza en el Tronco, árbol del Paraíso, desde hoy amuleto sagrado de tu Guía.

Poderoso Angel de mi Guía, aclaradme, guiad mis pasos por el torbellino inmenso del mundo. Dadme un momento tan solo de prodigio espiritual para hacer con vuestra influencia, de este siervo que está postrado, un devoto más, un esclavo que en unión de su Padre acepta llamaros, llenos de fe para glorificar vuestro Santo Nombre. Amén.

La llama que habéis sentido significa el amor que debe arder eternamente en vuestros corazones, amando, respetando y obedeciendo al que desde este momento es vuestro Padre Espiritual, llamado a defenderos en el piélago de la vida. Decidme, ¿os causa alguna inquietud el juramento que habéis prestado y sellado con vuestra sangre? Pues si estáis conforme preparáos a recibir la luz. En el principio del Mundo dijo el A. G. D. V. hágase la luz y la luz fue hecha.

Querido hermano, desde este instante este ojo que veis aquí

es la Fe; la Cruz, la Providencia, el Corazón, la convicción con que se jura."

Más interesante que lo que hemos copiado gracias a la amabilidad del cofrade que quiso darnos una idea de la elevación espiritual de su Regla, es el relato que le debemos a A.M. de su primera iniciación, que hizo en compañía de su marido y de un amigo de ambos. A los tres los llamaremos por sus nombres secretos: Santa Teresa de Jesús a la Puerta del Cementerio, San Juan de la Cruz Vence Guerra Vence Batalla y Santo Tomás Ver y Creer.

—"Ante todo, para pertenecer al Santo Cristo del Buen Viaje, el padre Nkiso o su Primer Mayordomo consulta[1] con los caracoles, que se echan frente al altar para saber si San Luis Beltrán acepta a esa persona. Si el Santo está de acuerdo, pues es San Luis quien decide si se le admite o se le rechaza, a veces marca la cantidad de dinero que quiere. A mí sólo me pidió una vela de cera, un crucifijo y un gallo blanco. Es lo que se necesita corrientemente. A veces pide un rosario, pero la verdad que nadie lo lleva ni lo usa.

Llegamos a casa de O. a las nueve de la noche. El cuarto (el templo) estaba cerrado. No vi nada. ¿Que si estaba nerviosa? No, ¿por qué? Me tembló un poquito el estómago, pero no por miedo. Hasta las once y media no me santiguaron. No se entra en el Templo sin ser santiguado. Me quitaron los zapatos, las medias, los alfileres, los ganchos, la cadena que llevaba puesta y un anillo. A los hombres, además de los zapatos los dejan sin saco y sin camisa, y se arremangan los pantalones.

Me leyeron la oración de San Luis Beltrán, la misma que cura el mal de ojo, encendieron una vela y me santiguaron como se acostumbra, con un gajo de albahaca mojada en agua bendita, y un crucifijo.

---

[1] O consulta, como José Torres, con un espejo.

El que santigua es el Mayordomo o el mismo Padre del Templo".

De esta oración poderosísima, los sacerdotes y siervos del Santo Cristo del Buen Viaje, se valen en todo momento, y de ella también podemos hacer uso los profanos, en casos de apuro —desmayos, indisposiciones, ataques—, así me lo aseguró San Juan de la Cruz Vence Guerra Vence Batalla, invitándome a aprenderla de memoria:

"Criatura de Dios, yo te curo, ensalmo y bendigo en nombre de la Santísima Trinidad, Padre, Hijo y Espíritu Santo, tres personas y una creencia verdadera, y de la Virgen María Nuestra Señora, concebida sin mancha de pecado original, Virgen antes del parto y después del parto, y en el de la gloriosa Santa Gertrudis tu querida y regalada esposa, las Once Mil Vírgenes, el Señor San José, San Roque y San Sebastián y en el de todos los Santos y Santas de tu gloriosa Corte Celestial, gloriosísimo Nacimiento, Santísima Pasión, Gloriosísima Resurrección y Ascensión. Por tan altos misterios que creo y venero suplico a tu Divina Majestad, poniendo por intercesora a tu Santísima Madre, abogada nuestra, que libres y sanes de enfermedad a esta afligida criatura del mal de ojos, dolor, accidentes, calentura o cualquier otro daño, herida o enfermedad. Amén. Jesús. Y no mirando la indigna persona que refiere tan sacrosantos misterios, con fe te suplico para tu mayor honra y devoción de los presentes, te sirvas, con tu misericordia y bondad, sanar esta herida, llaga, dolor, humor, enfermedad y no te permita tu Divina Majestad le sobrevenga accidente, corrupción ni daño, dándole salud para que con ella te sirva y cumpla tu santísima voluntad, Amén, Jesús.

Yo te juro y ensalmo, Jesucristo. Nuestro Señor Redentor te bendiga y haga en todo su divina voluntad. Amén. Jesús. Consumatum est. Consumatum est. Amén.

Una vez santiguados, cualquier hermano del templo nos venda fuertemente los ojos y un padrino ocasional nos lleva al cuarto. A mí me vendó una hermana vieja. Yo oía un barullo de voces, y aunque sitinguí la del Padre y la del Mayordomo, de pronto me pareció que no las conocía. Supe más tarde que era la de otro Padre invitado a presenciar la ceremonia y a dar fe. Los que estaban fuera del santuario pretendían asustarnos.

—" ¡Cuidado no te cortes que hay vidrios en el suelo! ¡Eh,que te entierras la punta de ese clavo! ¡Vas a pisar un montón de puntillas! y otras cosas por el estilo. Andábamos a ciegas. Sabía que eran bromas, ya me lo habían advertido, pero caminaba levantando los pies.

El Padrino tocó a la puerta y dijo unas palabras en lengua. Antes de abrirnos el templo adentro cantaron:

21

"Erisi Balaunde Congo Lungué
Kuni Ngángala Erisi Erisi
Sambia
¡Ay kunian gangulé!

Abrieron, entramos y me pusieron de rodillas con un crucifijo en una mano. Conmigo se iniciaron tres más que estaban en fila agarrados por la mano que teníamos libre, y detrás de cada uno de nosotros, un Padrino y una Madrina." Estas primeras iniciaciones se hacen en grupo, como en la Sociedad Secreta Abakuá.

"Sentí algo, no sé qué era, que echaron sobre mis hombros, luego unos cortes con el filo de una navaja, me hicieron unas cruces en los brazos, en el pecho y en los pies".

—"A los hombres", me confesó Santo Tomás Ver y Creer, "se les hacen siete rayas —cruces—, una en cada antebrazo, una en la base del cuello, dos en el pecho y una en cada pie:

> *Juran Sambia*
> *Jura Mbele*
> *Jura Nsuso*
> *Jura Nganga*
> *Jura Ntoto...*

A las mujeres se les hacen nueve cruces. Dos más en los costados de las piernas[1], porque tienen dos costillas más que el hombre." —"Rezan y cantan durante horas y horas", continúa A.M. "y queman mucho incienso. Esta ceremonia dura toda la noche y me tuvieron con los ojos cerrados, a oscuras y de rodillas.

En esta primera iniciación sólo se matan gallos. Los animales de cuatro patas, que se santiguan como si fuesen cristianos, se sacrifican en las iniciaciones de Padres y Madres, en Jubileos y ceremonias más importantes. Se decapitan después de darle un piquete en la yugular y de recoger la sangre para el Fundamento.

El Kimbisa no corta el pescuezo del ave, le abre el pico y lo corta, tres veces le oprime el cuerpo, le parte las alas y las patas. Lo descoyunta. La sangre no sale por el pescuezo, gotea por la boca sobre la Nganga. (Cuando digo Nganga digo Fundamento.)[2] Después se le corta la cabeza y se la presentan a los hermanos del templo para que

---

[1] O en el antebrazo y en el brazo.

[2] Cada templo posee un Tronco o Fundamento, una Nganga principal que desciende del Fundamento de Andrés Petit, Mamá Lola.

mojen su lengua en lo que queda de sangre. Cuando se ha desangrado el gallo se le derrama un poco de aguardiente en el pescuezo, si la sangre se le ha ofrecido a Sarabanda. Si a Ochun o a Yemayá —Choya o Baluande— se le echa un poco de agua. En el momento del sacrificio se canta:

Menga va a correr ¡cómo corre!
Menga va a correr...

Luego los restos del gallo no se llevan a las cuatro esquinas como en la Regla lucumí, sino a un placer, para Mayimbe (el aura tiñosa). La sangre que brotó de las cruces que me hicieron cuando me cogieron la cabeza... déjeme explicarle.

Coger la cabeza se dice a cortar el pelo del que inician, para guardarlo en los Troncos[1], en la tinaja grande en que está el Fundamento, la Nganga, debajo del altar. El fundamento recibe su pelo y su sangre. La verdad es que uno deja allí su cabeza. En un *masango* —paja de maíz—, colocan el pelo y lo van retorciendo y nkangando —amarrando— al mismo tiempo que se pronuncia el nombre del que están jurando.[2] Se hace un nudo y un trazo en el suelo para la pólvora, y el *masango* con el pelo se entierra en la Nganga. Esto es coger cabeza. Dejar la cabeza en la Nganga. ¿Entendido? La sangre de las heridas se recoge en un vaso y se mezcla con *chamba*.

Al fin me quitaron la venda —la ceremonia, que había empezado a las nueve y media de la noche, como le he dicho, terminó a las doce y media del día siguiente— y me dieron a beber la Chamba" (bebida sacramental), 'el vino de la consagración', que se hace con las sangres mezcladas con vino seco, vino dulce, coñac, canela, albahaca y *ntúfula* (pólvora), laurel, pimienta, almagre punzó, ají, jengibre, cambia voz, y hay quien dice que le echan manca perro.[3]

Tomad y bebed Padrino mío, hay que decirle al Padre después que nos presenta la copa y tragamos un poco. Luego bebe él, el Mayordomo y a continuación todos los hermanos."

---

[1] Para mantener a los Troncos potentes y acrecentar sus fuerzas, los sacrificios que éstos reciben se practican a horas avanzadas de la noche. Los resguardos, los guardieros, que son clavos que se entierran, Mpakas, tarros de buey, de chivo o terneros, las defensas que se ponen detrás de las puertas o en el fondo de los patios, se tienen durante tres noches al sereno y se recogen antes que salga el sol.

[2] "Tres veces le preguntan su nombre" —al neófito— y cuando éste ha respondido le cortan el pelo, que amarran con la paja de maíz y grama macho mojada en sangre y *ntúfula*, y la entierra en la Nganga", rectifica otro Kimbisa.

[3] También se nos facilita esta fórmula en la que se añade a la anterior, ceniza, manca perro, guano bendito, incienso, nuez moscada, hollín, clavo de

23

Después de esta fraternización por la sangre, el almuerzo. —"Los que acabamos de iniciarnos no hacemos nada. Otros preparan la comida, y todos los fieles, los que ya están iniciados y los no iniciados, la comen. Los recién iniciados nos sentamos con el Padre y con los mayores en grado, y en una segunda mesa los que pertenecen al templo, Mayordomos y hermanos invitados. Nadie se levanta de su asiento hasta que el Padre se pone de pie. En las fiestas de Ocha, la Iyaré, la mayor de todas las Iyalochas, ¿se acuerda? da tres golpecitos en la mesa cuando termina de comer, para que sepan las demás que están en libertad de levantarse".

Y ahí no termina el rito. Se reposa un poco el almuerzo, que se despacha con apetito, y ya repuestos, se canta y se baila para divertir a los Santos. Bajan Santos, se reciben Inspiraciones, se presentan espíritus que hablan con los neófitos, manifestándose en el Padre Inkisa o en cualquiera de los fieles, les aconsejan, les comunican las prohibiciones, y si lo necesitan, los baños y "rogaciones"[1] que más les convienen. Así es que desde aquel día mi informante no volvió a comer jaiba, ni camarón ni cangrejo, "nada que camine hacia atrás como camina el cangrejo porque la atrasa en su desenvolvimiento". Ni malanga blanca, porque en la Regla Kimbisa sirve para hacer mal; ni ajonjolí, porque aquí también, como en la Regla lucumí, el ajonjolí le pertenece a Obatalá, —Kengue— y a Obalú Ayé, Tata Fumbe, San Lázaro.

Gustavo, otro ferviente Kimbisa, entonaba para que yo los celebrara, los cantos más conocidos de la Institución. Los de Mamá Choya:

Mamitica chikiriri
Mamitica chikiri ndumba
Ntonche ntonche a la mutonché
Mi Chola Wengue alamugué dé
Kinkereré tonché Chola Wengue
Awengue Chola Chola Siete Ríos.

---

[1] "Rogación es para pedir a los Santos con ofrendas de comida y aves, trapos y velas. Rogación y *ebó,* para ganarse la voluntad del Santo y que ayude, es cosa de los lucumí que se apropiaron los Kimbisa del Santo Cristo". Las aves que piden los Santos para una rogación no se comen. Se tiran, a veces vivas, a la manigua. —"Por eso nadie debe comerse un pollo vivo encontrado por ahí..."

---

comer y benjuí. "Fortalece y limpia", pero se dio el caso, y esto le ocurrió a la citada Santa Teresa de Jesús a la Puerta del Cementerio en otra ceremonia, que tomó un trago abundante de chamba y se pasó la noche vomitando.

24

De Mamá Kengue:

De Baluande:

Mamá Kengue Mamá Kengue
Como llueve bá é...

Baluande bó Baluande bó
Baluande tokí la kuenda
Mama Kasimba ko Kasimba
Kasimba ko...

De Oyá:

Oyá Oyá pemba
¡Cómo vuela!
Oyá Oyá toca pao mi saé
Oya Oyá pemba

De Nsasi:

Bendito Bárbara, Santa Bárbara bendita
La Mamá lufume vititi vititi
Munankiri yo a ti rogando
Po tó moana Insambi

Bendito Bárbara Santa Bárbara bendita
Nsasi Kunamututu
Yeto yeto moana longaé.

Dame una moana
Como takua bi yó.
Oyá Oyá mpembe va volá
To pato para pa la loma
Sambian ganga kereré...

De Tata Nfumbe:

Nfumbe Nfumbe
Munu mata
Paso pobre viejo
Por aquí pasó, por aquí gimió
Por aquí pasó mi kunankisa
Y nadie lo vio...

25

Y los de Sarabanda, su Sarabanda pé mañunga, Sarabanda Kimbisi Kimbansa, del que era Mayordomo, "pues Sarabanda tiene Mayordomo";

Gando Cueva vive en Ganga
Y sale nganga con San Luis
Nuevo Mundo Luna Nueva
Abre paso Madre Nganga
Sarabanda Sarabanda

Yero yero va cotá yero
Búa Sarabanda va cotá yero
Yero va a cotá yero

Barreta con mandarria
¿Quien pué má?
Zarza con piñón
¿Quién pué má?
Nkuyé talam bele
¿Quien pué má?

y de Mari Wánga:

Mari Wanga Yarirí
Bankereré eboré Mari Wanga

Sambia Sambia Mpungu
Sá isora muana.

Estos cantos en los que no encontramos voces yoruba, son típicamente mambos; con ellos los Padres y sus Mayordomos, llaman, preguntan, mandan a los fumbis y nkisis y trabajan con sus ngangas que fabrican igual que los magos congos.

Aquí tengo otros cantos. Este con el símbolo de Sarabanda:

SARABANDA

Kuyé Zarambeye ekuyé
Lungambé no tiene amigo
Sarabanda pé mañunga
Sarabanda kimbisi kimbansa.

Y al pie los nombres de las yerbas y palos que le pertenecen y con las que "trabaja": Kimbansa, piñón botijo, maloja, albahaca cimarrona, por supuesto, jobo, anamú, diez del día, yerba de Guinea, bledo morado, cuaba, hojas de pimienta.

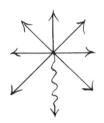

SIETE RAYOS   SANTA BARBARA

Bendito Babá, Santa Bárbara bendita
Susitera yén yén
Yébere yébere yébete
Yambé yambé yambé Ba ya mo.
Dame una muna como Tata
Kenyen kisa sinanbá
Boma karire Mboma
Insasi Kina mututu yeta yeta
Muana longo.
Pluma la cotorra colorá
Garabata garabatá
Kimbisa yoma kimbisa
¡Verifuasi hay, Congo!

Sus yerbas: Uva caleta, ítamo real, marpacífico, siguaraya, ruda, ceiba, altamisa, raíz de palma, ponasí, rompezaragüelles.

NFUMBE – SAN LAZARO

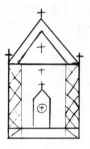

Nfumbe Nfumbe fuiri montá
Fumbe malembe fumbe
Epolipó ndana ndana
Epolipó.

Sus yerbas: escoba amarga, cardo santo, bledo blanco, algodón, yagruma, millo, apasote, malva blanca, coralillo, cundiamor.

CHOLA – LA CARIDAD DEL COBRE

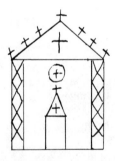

Cholá cholanwere Cholá
Ntonché ntonché alamutanché
Cholán were alagongué ndó
Kinkelelé tonché. Awenbén Cholá
Vamo a bombí alaboméitón tonché
Nkanu Kimbamgara Kimbangará
Mbonguere oniseto moniseto.

Sus yerbas: Flor de agua, limo de río, verdolaga, albahaca cimarrona, botón de oro, canutillo morado, helecho hembra, orozul, yerba la niña, malva amarilla, mejorana, girasol, berro abrojo, prodigiosa, imo, cerraja.

BALUANDE – LA VIRGEN DE REGLA

Gan gan gan Baluande lo kongo yero
Gan gan gan guimbo kalunguera
Nkelelé munanganga nkimbo kalunguera
Simba muana nsún nsusu
Muana ganga kualikintaya
Bobelande Bobelande Bobelande
Nlogue nlogue ¡aé!
Kewande quiere kalunga yé yé yé tá mulé
Uria nguimbo kalunguera
Nguimbo kalunguera Mama Teté
Uria niongue nlongue nlongue
lunguán fula gangulé Aguelié
Su mare pobrecito criollo.

Sus yerbas: canutillo morado, yerba buena, albahaca cimarrona, verbena, flor de agua, paraíso, ensalada del Obispo, paragüita, malanga.

MARIWANGA. OYA. – LA CANDELARIA

Por qué Mariwanga viti colorá
Oyá Oyá tocá pa misa Oyá Oya
Mariwanga yarire sekeré
Nlongue Mariwanga yarire sekeré
Cuando viene Oyá que llama,
Pobrecito, Oyá que llama,
Oyá Oyá mpebelá valá.

Sus yerbas: Cordobán, manto morado, maravilla, jaspeada, hoja de caimito, croto, caimitillo, artemisa, coralillo, ceiba.

DE KENGUE, OBATALA – LAS MERCEDES

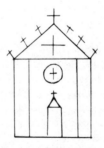

No conservo la ficha en que consta el canto; sólo las yerbas: Hojas de almendro, flor de agua, prodigiosa, yerba la Niña, flor de campana, verdolaga francesa, lirio blanco, hojas de algodón, tostón, alacrancillo, maravilla blanca, guirnalda, hojas de colonia, canutillo blanco.

Tampoco conservo la oración de Cuatro Vientos, San Francisco, a quien le pertenecen el cundiamor, el ítamo real, el paraíso, el almácigo y el bledo blanco.

En fin, el sincretismo del Santo Cristo del Buen Viaje admite que los Santos (mpungus) que tienen nombres bantú y yoruba –"y que son católicos"– coman las mismas cosas que los lucumí:
Baluande, Yemayá, la Virgen de Regla: gallo y pato.
Mamá Choya, Ochún, la Caridad del Cobre: gallina.
Mamá Kengue, Obatalá, la Virgen de las Mercedes: paloma.
Mariwanga, Oyá, la Virgen de la Candelaria: gallina.
Sarabanda, Ogún, San Pedro: gallo y chivo.

Era muy importante la fiesta del Santo Cristo del Buen Viaje, a la que habían de concurrir todos los Padres Maestros y las Madres Maestras de los templos confederados de esta Institución, y los "siervos" y simpatizadores, que a tiempo debían solicitar las tarjetas que les autorizaba asistir a la fiesta mediante un pago estipulado que era preciso liquidar ocho días antes de su celebración, para calcular con seguridad el presupuesto disponible para los gastos de acuerdo con el número de comensales y asegurar a la fiesta mayor lucimiento.

Los Padres Maestros y las Madres Maestras, el 5 de septiembre toman su Cristo y lo entierran al pie de la Ceiba sagrada para desenterrarlo siete días después.

La Ceiba se venera en todas las Reglas establecidas en Cuba por los africanos, y esta oración que le rezan al "saludarla" los kimbisa nos la facilitó un Apóstol de la Luz. Se hace a las doce del día o a las diez de la noche, con un crucifijo en la mano derecha, de rodillas ante el árbol sagrado. Al terminar se echan tres chorritos de agua en la tierra (se lleva el agua en una jicarilla o en un pomo), se dan tres golpes en el suelo, y al retirarse no se vuelve la espalda, se marcha dando unos pasos hacia atrás. Esta oración la saben de memoria:

"Nkisi Nkisi Nkisi Santísimo Sacramento del altar, Padre, Hijo, Espíritu Santo, tres personas distintas y una sola esencia verdadera. Virgen María y Doña María que cubre a Sambia.

Ba Ceiba: con licencia de Sambi y Tatandi y Guandi de mi bisi, con permiso Madre Ceiba, en este instante yo te mbobo[1] con toda mi nchila[2], para llamar a tu Divina influencia y te presentes ante mí como ejemplo admirable de tu ternura material, ¡oh hijo!, la flor de

---

1 Hablo.
2 Corazón.

todo, forma de todas las cosas, alma, espíritu, armonía de todas las cosas. Consérvanos, protégenos, condúcenos, líbranos de todos los espíritus malos que nos asedian continuamente sin que lo sepamos."

El doce de septiembre, es decir, el mismo día en que se desentierra el crucifijo, todos se bañan con hojas de paraíso, dotadas de grandes virtudes lustrales y mágicas, como es sabido.

El trece a las doce de la noche se encontrarán en el templo designado para celebrar el acto Gustavo X. me mencionó en aquella fecha el del Padre Maestro Jesús Nazareno–, los Padres Maestros y las Madres Maestras, los Capacitados y Capacitadas, y ante todo se le sacrifica a San Pedro, luego a la Ceiba y al Paraíso, y se procede a un Lavatorio.

Los Padres Maestros y las Madres Maestras dejan sus "hábitos" en una butaca para ser bendecidos por el Padre Maestro. Después, antes de sentarse a la mesa en que se efectúa una cena ritual, doce Padres y doce Madres Mayores, colocan sus mantos en el espaldar de sus respectivas sillas. Se rezan siete Padre Nuestros y siete Ave Marías y se acaba diciendo:

"Alabado seas Santo Cristo del Buen Viaje, símbolo de nuestra Institución hasta la consumación de los siglos..."

Terminada la cena los doce Padres y las doce Madres Mayores se cubren con sus mantos y pasan al templo; se organizan otras mesas para la cena de los demás cofrades, presidida por un Padre Maestro y una Madre Maestra. Los platos se pasan de izquierda a derecha y cuando todos han terminado de comer, una palmada del Padre Maestro indica que se pueden levantar. Los asistentes que se hayan afuera reciben los platos mientras los comensales cantan:

" ¡Quitemos la mesa, quitémosla!"

y hasta que se recoge el último pedazo de pan dan vueltas en torno a esta. Se ordena a los presentes que levanten los brazos y canten:

"*Cheto kunan cheto cheto uria*
Aré pá minganga cheturián.
Aé bilongo gantundié."

Se dan las palmadas que "despojan" y continúan girando, y a cada vuelta se lavan las manos en una palangana llena de agua que se coloca para la ejecución de este rito que da fin a la cena.

Naturalmente se hacen "limpiezas".

Ban ke yele ibán ibán Ban kelelé.

Para el lavatorio se utilizan: ruda, yerba buena, albahaca, resedá, paraíso, ceiba, laurel verde, salvia, geranio, romero, flor de agua, belladona, yerba Luisa, ciguaraya, todas desleídas en agua y coladas. Una parte se emplea para lavar las manos y otra para lavar los pies. J.T. al subrayar la solemnidad de esta fiesta, me recitó algunas de las plegarias que se elevaban al Cristo y consintió en dictármelas. Así apreciaría mejor su belleza.

SALUDO AL CRISTO
(Plegaria del Padre Maestro)

Sambia ndoña María que cubre Nsambia. Sambia nsukururú Sambia mpungo nsukururú Sambia ntoto, nsukururú Sambia bilongo Poderoso Cristo del Buen Viaje, símbolo de esta Institución Quien Vence. Yo Padre Nkisa, (o Madre Maestra) de esta sagrada Institución que llevo con fe, amor y paciencia la cruz que se me ha dado en suerte, te imploro Justo Juez de vivos y muertos, y a tu misericordia, que el peso sagrado de mi cruz no me haga caer. Brazo Poderoso, Jesús divino, alabado seas hasta la consumación de los siglos para que así la fe, la unión y la fraternidad perdure entre todos los hermanos. Quien Vence, que es el Gran Poder de Dios, tus poderes misericordiosos sobre nuestros espíritus equivocados dándonos saber para encaminar nuestros pasos, y así con este gajo de albahaca y esta agua pura, poder bendecir en tu nombre, Padre, Hijo y Espíritu Santo, a mis queridos hermanos para que eleven su humilde plegaria hacia ti. Así como en la casa de Jerusalén cuando Jesucristo al entrar botó el Mal para que entrase el Bien, yo te pido que según se eleva este perfume al espacio[1] nos despoje de todas las malas influencias y derrames sobre nosotros la salud y el bienestar que todos necesitamos y así nos hará más liviano el peso de la cruz que todos llevamos en el paso terrenal.

PLEGARIA AL CRISTO

En nombre del Santo Cristo del Buen Viaje y de Andrés Facundo Cristo de los Dolores, Kimbisa vence batalla tiembla tiembla nunca cae, siete horas siete días Kuabilonga.

En el nombre de Dios Todopoderoso, Sambia en Doña María que cubre a Sambia, ndoña munanguako Sambia bilongo no creyendo en actos diabólicos, ni hechicería, ni plantas venenosas, sino en ti Justo

---

[1] El incienso.

33

Juez de vivos y muertos, premiador del bueno y castigador del malvado, eleva mis sentidos desde lo más profundo de la tierra hasta ti para poder pedirte, Dios Poderoso, que me ilumines y me concedas en ese instante poder sobre natural y con este gajo de albahaca y con esta agua exorcizada, bendecir en el nombre del Padre, del Hijo y del Espíritu Santo, tu imagen, y que también la reciban todos los Padres Maestros y Madres Maestras desaparecidas de esta Institución y para derribar todos los escollos que puedan estar en el camino de todos los presentes y ausentes de esta Institución "Quien Vence" y de sus simpatizadores, y nos proporcione mucha salud a todos.

PLEGARIA AL CRISTO

Santo Cristo del Buen Viaje, símbolo y adoración de esta Institución religiosa "QUIEN VENCE".

Yo Padre Maestro Jesús Nazareno te pido en este instante me concedas poder sobre natural para elevar mis sentidos a ti y que oigas mi humilde plegaria.

Poderoso Cristo del Buen Viaje, te pido me concedas que la fe y el amor fraternal que arde en mi corazón no defrauden las aspiraciones que abriga mi ser, de ver floreciente y libre de todo escollo esta Institución, antes que yo desaparezca de este paso terrenal cumpliendo así el deseo del que en vida fue su Fundador, Andrés Facundo Cristo de los Dolores Petit y de los que han convivido en ésta, como San Benito de Palermo, Casimiro Tronco de Ceiba, San Luis Beltrán, San Daniel y otros muchos que están en la mente de todos y que ellos, con el permiso del Gran Poder de Dios, como espíritus libertos, cooperen en esta obra de engrandecimiento para beneficio de sus congregados y de la humanidad doliente. También te pido Poderoso Cristo que, así como creaste tus Apóstoles para que edificaran el Templo donde perdura tu adoración y perdurará hasta la consumación de los siglos y creció amparado por tu Gran Poder; Tú Poderoso Cristo del Buen Viaje nos concedas a los Padres Maestros y Madres Maestras de esta Institución que mientras tengamos un átomo de vida terrenal no nos apartemos de la fe y el amor fraternal que le hemos jurado y sellado con nuestra sangre a esta Institución Religiosa Quien Vence. Así concédenos poderes sobrenaturales y los conocimientos necesarios para que podamos ser útiles a la humanidad ferviente que necesita de nuestro auxilio, y por el progreso de la Institución, bajo la égida del Santo Cristo del Buen Viaje, ella perdurará hasta la consumación de los siglos. Porque el emisario del Gran Poder de Dios eres tú que lo vences todo, es por lo que te pido que des oído a mi humilde plegaria.

Por suerte no todos los "saludos" —oraciones, plegarias—, son de este tenor. Para saludar cantando al Fundamento se dice:

> *"Va con licencia Nganga nkisa,*
> *Muana nsambia kinuno matiko*
> *Nweye nweye um panguiame de nchila*
> *Kiako kiako kiangana buké buké*
> *Paso lumá carabela Campo Santo*
> *Kuan nganga."*

Y a San Pedro:

> *"Va con licencia Nganga Nsila*
> *Va con licencia Nganga Nkisa*
> *Va con licencia Palo Monte*
> *Va con licencia Nsusu Susundamba*
> *Va con licencia Nsusu Mayimbe*
> *Va con licencia Ntoto Cuatro Vientos*
> *Va con licencia Ntoto Güiri*
> *Va con licencia Plaza Lirio*
> *Va con licencia Mama Kiyumba*
> *Va con licencia to lo moana Quien Vence*
> *Va nkuti nkuyo que va uria*
> *Malafo y nsunga y le dé fuerza*
> *Y poder sobrenatural al Nkisa sobre*
> *Sus enemigos visibles e invisibles".*

A la Ceiba:

> *"Dun dun Ceiba*
> *Como tu musikiri llama pare gombi*
> *Hay cielo munangué munangué*
> *Cuando gallo cantó ya hora de anseré*
> *Mama simbiko tata tata sekeré*
> *Mamitica sikirimgombe*
> *Mamá guatamberiré*
> *Mamá ta contento, Mamá*
> *Saku salu landé vititi congo*
> *Que Nganga fue."*

35

Al Santísimo Sacramento:

> *"Erisibarandé erisi barandé*
> *Rondongulo ¡ay tuliangangulé*
> *Erisibarande erisamio*
> *Sángula matintero...*
> *Por aquí pasó, por aquí gimió*
> *Por aquí cayó mi kunankisi*
> *Y nadie lo vio.*
> *Kengue Mamá mire como llueve*
> *Nfungue nfungue fuiri montá*
> *Fumbe malembe fumbe epolipó*
> *En aquí were sawa perito sawa".*

A la Nganga:

> *"Va con licencia Cuatro Vientos, Nganga*
> *Nkisa, Palo Monte, Nsusu Mayimbe,*
> *Susundamba, Plaza Lirio Mamá*
> *Kiyjmba, Ntoto, Que yo Nsala.*
> *Con licencia, Quien Vence vence batallas*
> *Kunambumbo, con licencia Nsasi*
> *Kuna Matuto, yeto-yeto, Muana Longa.*
> *Con licencia Mariwanga, Mama Kengue,*
> *Mama Chola, Matuande Longo Fula*
> *Batatoko, Con licencia mpaka riri,*
> *Mpaka Mgombe, Mbele Nganga, Macho*
> *Sanganga, Tronco va Ceiba.*
> *Con licencia Kalunga sube Kalunga baja.*
> *Con licencia mi padre, mi Madre Nganga,*
> *Mayordomo Nganga, Centinela Nganga,*
> *Ensukururú Sambia Mpungo ensukururú*
> *Sambia bilongo".*

De las tres grandes ceremonias que anualmente celebraba —o aún celebra— el Santo Cristo del Buen Viaje, pues ignoro si a los kimbisa se les persigue tanto como a los ñáñigos, en el actual paradisíaco "territorio libre" de Cuba, la Iniciación, Fiesta del Santo Padre Espiritual y Guía del Templo, San Luis Beltrán y la Despedida del Año Viejo y el Advenimiento del Año Nuevo, quizá la más impresionante era en esta última, la comida de los Muertos.

En la noche de 31 de diciembre el Padre Inkisa invoca a los muertos en el Templo. Se encienden tres velas y se reza durante una hora en lengua de congos y se repiten los Padre Nuestros, Salves y Credos de rigor. El Padre se dirige al altar donde se halla el Fundamento, que ese día se expone como en el de la Iniciación y en la Fiesta de la Institución, y rompe a cantar en unión de los ahijados. Mientras estos continúan el canto el Padre reza:

"Saludando a Sambia, saludando
Saludando a Nganga, saludando
Saludando a Nkisi, saludando
Saludando al Padre San Luis Beltrán, saludando."

Luego se entona el:

Ahora menga va a correr ¡cómo corre!
¡Menga va a correr!"

y el Tronco y la Nganga reciben sacrificios. Después se limpia el piso sucio de plumas y salpicado de sangre. En un rincón del templo, sobre un signo trazado con tiza blanca en el suelo, se coloca una cazuela de arroz con frijoles y carne de puerco. Se apagan las luces y el Padre Maestro y los Mayordomos se sitúan alrededor de la cazuela y se inician los cantos para los Difuntos:

"Buenas noches santa noche, con permiso del
Padre Santo. Um – Um – Um
Buena noche a tó lo Indiambo (muerto, espíritu).
Buena noche a tó lo moane (gente).
Con permiso de lo ntoto (tierra).
Buen lumbo, buen lumbo (salud).
Aleje ngondo (mal).
Que no lo agarre ningún Indiambo (muerto)
Que limpie su visi (nariz).
Que limpie su mensu (ojo).
Su tanda (lengua).
Su ntu (cabeza).
Su lembo (mano).
Que le abra su kuto (oído).
Le abra su mesu..."

y todos giran bailando alrededor de la cazuela. Comen introduciendo en ella la mano hasta dejarla vacía. Esta comida de comunión con los

Muertos solía hacerse también el Día de Difuntos. La ceremonia termina apuntando el alba. Las aves sacrificadas se cocinan y se comen, y de nuevo, para alegrar a los "santos" se baila hasta la media noche.

—"El primero de año", nos contó por su parte otro Mpangui, "el primero que come[1] en el templo es Sarabanda. Come en la puerta. A las doce ya todo está preparado y se les sacrifica a los demás: a los Troncos, a la Caridad, a Santa Bárbara, a la Virgen de Regla. Las Mercedes come sola, igual que San Lázaro y la Candelaria. En el templo se le sacrifica principalmente a Sarabanda y a Nsasi. Lo que comía la Nganga en casa de Torres era cochino. Cada tres años se le mataba uno. En todos los templos lo principal era Ngulo, que quiere decir: puerco. La cabeza cortada se ponía encima de la Nganga y con el redaño se le tapa para que no vea lo que se hace. José Torres decía que a la Nganga se le da cochino porque es lo que más se parece a un cristiano. Por la mañana se le pregunta al caracol adonde quiere que se la lleve, si al cementerio o al mar, pues en el mar o en el cementerio es adonde casi siempre desea. Y si quiere recibirlo en el cementerio va al de los protestantes, que es el de los kimbisa."

Hemos dicho que a los cuadrúpedos se les santigua como a los hombres. He aquí la oración que nos ofreció una Madre y que confirma la veracidad del informante.

"Yo, Padre Nkisi, con los poderes de que estoy investido y José Andrés Cristo de los Dolores con todos los inspirados y Santo Domingo de Silos, por la misericordia de Dios, Angeles, Arcángeles, Querubines y Serafines y por el Santo Cristo del Buen Viaje, símbolo de esta Institución, emisario del Gran Poder de Dios, que es QUIEN VENCE, que triunfa y triunfará hasta la consumación de los siglos, por ser tan bueno y digno de ser amado, Justo Juez de vivos y muertos, premiador del bueno y castigador del malvado, dígnate oír mi humilde Plegaria y eleva mis sentidos desde lo más profundo de la tierra hasta la Corte Celestial, para que me concedan en este instante el poder sobrenatural y poder decir en Tu nombre:

Inocente animal que vas a derramar tu sangre para que la ofrezcamos a . . . . . . Yo en nombre de Dios Todopoderoso, te despojo de tu mala influencia, te ensalmo y te bendigo en nombre de la Santísima Trinidad, Padre y Espíritu Santo e Hijo; tres personas y una esencia verdadera, y la Virgen María, Nuestra Señora, sin mancha de pecado original, Virgen antes del parto, en el parto y después del

---

[1] Que recibe el sacrificio. Los devotos en todas las Reglas africanas dicen "dar de comer" por sacrificar, ofrendar.

parto, y por la gloriosa Santa Gertrudis, tu querida y regalada esposa, las Once mil Vírgenes, Señor San José, San Roque y San Sebastián, por todos los Santos y Santas de tu Corte Celestial, por tu gloriosísima Encarnación, gloriosísimo Nacimiento, Santísima Pasión, gloriosísima Resurrección y Ascensión, por tan altos y Santísimos Misterios que creo y con verdad suplico a tu divina Majestad poniendo por intercesores a tu Santísima Madre y abogada nuestra, libre, sano el cuerpo y el alma de este animal que no te debe nada, y de todo dolor, humor, enfermedad de su ser que cuando ofrezcamos el sacrificio de su sangre, la pieza lo reciba con la pureza y fe con que se le ofrece.

Y no permita tu divina Majestad le sobrevenga ningún accidente, interrupción ni daño alguno, despojado de toda mala influencia y con ello se cumple tu Santísima voluntad. Amén Jesús.

Consumatum est, consumatum est, Amén Jesús."

Los martes de todas las semanas, los Padres iban a rociar con aguardiente las Ngangas de otros Padres. Cuatro Padres visitaban semanalmente los templos de la Institución.

ORACULOS. SANDI. NKOBOS

La misión del sacerdocio Kimbisa, como ha podido verse, es la de hacer el bien, y Padres y Madres, Capacitadas y Capacitados, valiéndose de todas las fuerzas y entes sobrenaturales, blancos y negros, de Santos, Vírgenes, Arcángeles, Angeles, Orichas, Nkisis, Ngangas y hasta del Diablo en ocasiones, desempeñan la función altruista de curar cuerpos y almas con sus conocimientos secretos y sus poderes, y la de proteger y velar por sus "ahijados" como Padres y Madres verdaderos.

El templo también le abre sus puertas a todos sin que sea necesario "hacerse rayar" para consultar en momentos difíciles a un Nkisi y seguir sus consejos. Aclaraciones, consejos, curas, operaciones, "trabajos" para obtener por medios mágicos rápidos lo que se ambiciona o ha menester, todo esto lo encontrará el profano necesitado en el Santo Cristo del Buen Viaje.

A pesar de los cuantiosos préstamos católicos, verbales sobre todo, y que se subordinan inmediatamente a la magia, los Padres del Santo Cristo del Buen Viaje "casi todo lo hacen de acuerdo con el saber del congo". Para augurar emplean además del coco y los caracoles, que en esta Regla se llaman nkobo o bonantoto, el espejo o "vititi mensu", como José Torres y otros de vieja cepa kimbisa; o bien "inspirados", en estado de trance habla por ellos un espíritu o uno de los guías espirituales de la Institución, como San Luis Beltrán, el Instructor.

Así poseídos recetan, aconsejan, curan, exorcizan, "limpian", preparan "nchilas" —resguardos—, amarran y desamarran...

Un método de adivinación tomado a los lucumí, "como el de los caracoles" (dilogún), es este otro que llaman "vista del coco", Sandi. Cuatro pedazos de coco que se arrojan al suelo y se deduce de la posición en que caen si responden afirmativa o negativamente a la pregunta que se les hace. Si al tirar los cocos se desprende un fragmento de alguno de los pedazos, se le da al consultante para que lo guarde en su bolsillo, pues simboliza dinero: simbo o simbu.

0000 Si caen todos presentando la pulpa, esta combinación o "letra" recibe el nombre de Alafia y se interpreta como un sí rotundo. Alafia, voz lucumí (yoruba) significa paz, felicidad, y para el kimbisa que me informaba, bien, gracia.

●000 Uno mostrando la corteza, Otawe, expresa un sí dubitativo. Si se repite la pregunta y caen en la misma posición, responde sí, sin lugar a dudas.

●●00 Dos pedazos presentando la corteza, Eyifé, sí definitivamente; confirma lo que dice Alafia.

●●●0 Tres presentando la corteza, Okana, responde no. Anuncia desgracia.

●●●● Todos mostrando la corteza Oyekun augura desgracia, intervención de la justicia, de la muerte. Es muy mal signo. Se vuelve a preguntar. De caer repetidamente los cuatro pedazos de coco en situación tan nefasta, el kimbisa como el olorisha, los aparta y toma otros. Luego, si no los arroja a la calle, los coloca delante del Santo o de la Prenda y arroja agua a la calle.

O bien, para refrescarlos se meten en una jícara con agua y manteca de coco, y el que los tira se toca el pecho y enciende una vela para los muertos.

—"El coco dice mucho en cinco letras, y en cada combinación hablan los Santos. Por ejemplo, en Eyifé le dice al que se consulta que tiene un familiar muy renegado con la religión y que por eso anda mal, pero que va a tener un cambio, y que ponga mucho cuidado en lo que va a hacer para que no lo engañen, porque ya lo han engañado... En Alafia habla San Francisco y Santa Bárbara. En Otawe, Santa Bárbara, Regla y San Norberto. En Okana, San Lázaro, Santa Bárbara y los Muertos. En Oyekun, la Candelaria (Yansa), y Santa Bárbara".

LOS NKOBOS
(Los Caracoles)

Después que se preparan los caracoles, bruñida la parte que no es hueca, se lavan en una palangana nueva con agua compuesta —la que los fieles de la Regla lucumí llaman Omiero— con flor de agua, abrojo, flor de campana, de algodón, salvia, hojas de ceiba de la parte del árbol que da al Este, incienso, cascarilla, agua de Florida y agua bendita. Luego se lava la palangana y en ella se ofrece un sacrificio a los nkobos: dos palomas blancas, cascarilla, babosa, incienso, coco, rositas de maíz, hojas de algodón, manteca de cacao y albahaca. Se cubren con un pañuelo blanco y a los cuatro días se vuelven a lavar con agua de río, agua bendita y agua de mayo.

Al acto de "mirar" le llaman Vititi Nkobo. Los nkobos hablan de acuerdo con sus marcas. —"¿Marcas?" Marca es el número de nkobos que caen con la parte blanca hacia arriba. Cada Santo tiene su marca, su número. Para conocer si la marca es buena o mala hay que saber si es derecha o izquierda. Se sabe si es derecha si el número de nkobos que caen en blanco en el primer tiro es mayor que los que caen en el segundo tiro, y es izquierda si el número de los que caen en el primer tiro es menor que los del segundo.

Dos veces se tiran los nkobos, pero hay cuatro marcas que no necesitan "de un segundo tiro" (arrojarlos otra vez), y estas marcas son las de la Virgen de las Mercedes, el 8; San Pedro, el 3; San Lázaro, el 10, aunque puede preguntarse, si se desea, qué letra es la que habla en el tiro de cuatro nkobos, si "la letra (el pronóstico) es buena o mala".

Si al tirar caen en el centro cuatro nkobos juntos por la parte blanca y en cualquier posición, quien habla es la Merced, y se tiene en cuenta para cuando se termine de leer la letra en conjunto preguntarle otra vez a la Merced para saber exactamente lo que ella dice.

Cuando los nkobos caen en blanco uno tras otro en línea recta o en fila, a la derecha o a la izquierda, indican que el camino es bueno.

Si al tirar, un nkobo cae en blanco junto a la Prenda o a cualquier distancia de ésta, le advierte a la persona que se está "registrando", consultando, "que algo le reclaman", y en este caso se pregunta qué desea la Prenda, qué se le debe. De caer ese nkobo por la parte oscura —invertido— dice que ha de llegar a la casa un policía, un amigo o un enemigo; y se pregunta al consultante si llevará algo de regalo a la Prenda, o si le debe una promesa; si ha de tratar algún asunto relacionado con ella, lo hará en buena armonía, de acuerdo con la marca que ya ha salido o la que habrá de leerse.

Si cae un nkobo boca arriba, mostrando la parte interior, se trata de una mujer; si boca abajo, de un hombre. Si de frente al que se consulta, éste recibirá una visita; de punta frente a él, debe preguntarse de nuevo, pues lo están abandonando en su casa.

De caer atravesado, anuncia que el consultante se tropezará con un amigo, un familiar o un enemigo.

Si al caer, la parte hueca del nkobo queda frente al adivino, el Santo no está conforme.

Dos nkobos juntos boca arriba, significan buena amistad entre dos mujeres; tres o cuatro nkobos en la misma posición, se refiere a hombres que andan siempre juntos y se pregunta qué tipo de amistad los une.

Un nkobo boca arriba y uno o dos boca abajo montados uno

sobre otro, revelan que una mujer tiene más de un amante.

Si cae un nkobo boca abajo y uno o dos boca arriba, uno sobre otro, significa que un hombre tiene más de una mujer.

Un nkobo encima de otro: mujeres, chismes. Boca abajo uno sobre otro, lucha de hombres, en la que el nkobo que está arriba representa al hombre que quiere vencer al que representa el nkobo que está abajo.

Tres nkobos boca arriba montados unos sobre otros: relajo entre mujeres. Invertidos los nkobos: relajo entre hombres, o debilidad de carácter que revela el nkobo que queda al centro, y significa siempre lo peor. Puede ser también que ese nkobo que ocupa el centro representando al consultante, signifique que éste será procesado por la justicia. Entonces se pregunta y se lee detenidamente la letra —la respuesta— que se obtenga en el nuevo tiro.

Un nkobo boca abajo y dos a cada lado, por la parte blanca, es un hombre al que dominan dos mujeres; de caer uno boca arriba con dos más a cada lado boca abajo: una mujer dominada por dos hombres.

Si todos los nkobos que presentan la parte blanca (que es la que habla), caen sobre otros que estén invertidos, es buen augurio. Como todos en forma inversa, es malo. Es decir, ventura cuando caen todos boca arriba; desgracia, boca abajo.

MARCAS DE LOS SANTOS QUE HABLAN EN LOS NKOBOS

1. La letra mala no se lee. En ese caso se recogen los nkobos y se meten en una jícara con agua. Se santiguan, se despojan, y se vierte agua en la puerta de la calle; se dibujan tres cruces con manteca de corojo detrás de la puerta y se pasa una línea de un lado a otro en el piso de la puerta con manteca de corojo. Ya frescos los nkobos se ponen debajo de la jícara y se hace una invocación. Se llama al bien y se aleja al mal. Con cuatro nkobos se pregunta a Kunankisa si autoriza que sea atendida la persona que solicita un "registro", y si responde que sí se da gracias a todos los Santos.

2. Esta marca —de los Ibeyi, los Jimaguas— se extiende hasta San Pedro y Nkuyo —Eleguá—, se pide vista a Santa Lucía, a San Roque y a San Pablo.

3. San Pedro —Ogún—, no se pide mano.

4. Santa Bárbara, los Jimaguas, algo referente a la Caridad, más Cuatro Vientos, si hay una letra de cuatro nkobos reunidos al centro;

si esta letra sale en cualquier otra marca de Santo hay que tener en cuenta a la Merced. Después que se termine de leerla se invoca y se vuelve a preguntar qué es lo que dice. Esta marca es propiamente de los Jimaguas.

5. La Caridad, Cholá.
6. Santa Bárbara, y se invoca a Cuatro Vientos. Se dice algo de su marca —de sus pronósticos— ateniéndose a su respuesta favorable o negativa.
7. Baluande, Lunganfula, Yemayá.
8. Las mercedes, Kengue. No se pide mano.
9. Mariwanga. Esta marca alcanza a San Lázaro.
10. San Lázaro. Se echan tres pocos de agua en el suelo, se humedece la frente, la garganta y la nuca del consultante, si se repite —si caen los nkobos en la posición correspondiente a San Lázaro. En esta letra hablan un poco Mariwanga y Cholá. Se refrescan los nkobo, se echa agua en la puerta y se desocuparán todas las vasijas de agua destapadas que haya en la casa.
11. Mala marca de Nkuyo o Eleguá, que comprende a San Pedro —Sarabanda, Ogún y alude a la Caridad y a Santa Bárbara. Se derrama agua en la puerta.
12. Santa Bárbara, Nsasi. Hace referencia a las Mercedes, Obatalá.
13. San Lázaro. Incluye a San Pedro —Sarabanda, Ogún— y a Mariwanga —Oyá— y se le añade la letra de Cuatro Vientos. Mala letra.
14. Centellita.
15. La Caridad— Ochún.
16. Nkisa y la Virgen de las Mercedes —Obatalá.

LO QUE DICEN ESTAS MARCAS
AL CONSULTANTE

1. Losí: Presenta un camino malo. Cuidado con las revoluciones o tragedias; enemistad en la familia y disolución de ella. Caso de muerte no natural, causada por el que se consulta o por algún miembro de su familia, o que puede sucederle a él o a algún familiar o le ha sucedido ya. Es persona que tiene mala influencia y que contagia a los que lo rodean. Tiene relaciones con personas de instintos criminales y que abrigan muy malas intenciones en estos días. Cuidado con los malos negocios que tiene o se le van a presentar, y con la policía, con la que ha tenido o tendrá malas relaciones y puede sospechar de

usted. Mucho cuidado también con su vigilancia y con la de sus enemigos al doblar una esquina. No es bien querido de las personas que lo tratan y cuenta con enemigos en su propia familia. Su mala influencia le proporciona pérdidas en sus negocios. Evite quitarle trabajo a nadie, pues debido a esa mala influencia persiste en usted la tentación de apropiarse de lo que no es suyo. Está usted como vendado, no ve y no puede progresar. Hágase una limpieza con un pollo negro y una rogación a Mariwanga.

2. Lele. Izquierda. Los jimaguas, San Roque, San Pedro y Nkuyo. Hay una persona que le envidia y quiere quitarle la suerte. Cuando vaya por la calle nunca doble por la primera esquina sino por la segunda o tercera. A usted lo van a hacer jefe del lugar donde trabaja o "cabeza" de una gran cosa. Ha tratado a una persona que ha querido protegerlo, pero ha encontrado otras personas enemigas suyas que le han indispuesto con ella. O bien usted no se ha dado cuenta del bien que se le ha presentado y lo ha despreciado. Usted vive engañado. Cree conocer el mundo y lo cierto es que está usted vendado, porque no ha podido o no lo han dejado ver un mal que le han hecho. Ahora tiene usted una mala influencia que le oculta su camino, sus asuntos y negocios, la maldad con que le han tratado o le tratan.

Antes usted recordaba y comprendía las revelaciones de sus sueños y ahora no, debido a su turbación. Tenga cuidado con enfermedades de la vista o con accidentes de ella. Mire con cariño a los niños, no los maldiga ni los maltrate. Si no los tiene debe hacerse cargo de alguno para criarlo y cuidarlo. ¿Conoce usted alguna persona que tenga hijos jimaguas? ¿Alguna persona de su familia los tiene? Si la respuesta es negativa puede profetizarse que la persona que se está consultando, algún miembro de su familia o alguna de sus amistades íntimas, va a tenerlos. Trate de atraerse a esos jimaguas. ¿Tiene usted Prenda de Santo? ¿Pertenece usted a la Santería? Si no pertenece debe pertenecer, y si no tiene Prenda debe tenerla, para que le sirva de guía en su camino, pero cuidado con los engaños de los santeros. Santígüese, haga una oración a los Jimaguas y a Santa Bárbara y déle gracias también a Nkuyo. Hágale un presente a los Jimaguas, póngale dulces o frutas, y después repártalas entre los niños. Ha de hacerle un presente a Nkuyo de una jutía o de su cabeza. Para la rogación: pescado ahumado, dos gallos, jutía, okó, coco, manteca de corojo, maíz, miel de abeja, aguardiente, coñac, vino seco, un paquete de velas, un paño rojo y $5.40 de derecho.

45

2. Iolé. Derecha. Le dicen los Jimaguas que respete y le haga caridad a las mujeres madres de jimaguas. Los Jimaguas le acompañan. Hijos de parientes suyos van a proporcionarle un bien; atienda sus relaciones y nunca diga mentiras. Si tiene alguna prenda de Santa Bárbara atiéndala y cumpla con ella. Van a darle vista o va a tener revelaciones que han de ser verdaderas, por lo que podrá usted saber las causas de sus males pasados, presentes y futuros. Recibirá un bien y por ello tendrá envidiosos que tratarán de impedirlo, pero no lo lograrán. Obtendrá categoría por sus trabajos o negocios. Le aumentarán el sueldo. Puede usted vencer a sus enemigos. Es usted claro de entendimiento, pero algunas veces le son indiferentes sus asuntos. Mire con cariño a los niños, no los maldiga ni los maltrate. (Algunas personas a quienes les sale esta letra maldicen en muchos casos.) Tenga cuidado con la vista, que se le puede enfermar; santígüese. Haga rogación a los Jimaguas y a Santa Bárbara; dele gracias a Santa Bárbara, a los Jimaguas y a Nkuyo, hágale un presente a estos tres Santos. Si no pertenece a la Santería ni tiene Prenda, haga Santo o hágase de una Prenda. Los preparativos para la rogación iguales a la anterior (izquierda).

3. Itatí. Izquierda. Dice San Pedro que usted perderá el trabajo o tiene probabilidad de perderlo si está trabajando. En ambos casos se debe tratar de asegurar el trabajo al pie de Sarabanda, porque si lo pierde le costará mucho conseguir otro.

Por causa de un individuo a quien usted ha hecho un bien o se lo va a hacer, va a tener un serio disgusto con una tercera persona; la persona que recibe el favor será su peor enemigo.

Ha tenido negocios de importancia que le han fracasado. No le han salido bien porque personas interesadas le han hecho traición. Una de ellas ha sido su amiga y le ha pedido dinero prestado y ha comido con él. No le proporcione trabajo a nadie sin conocer sus sentimientos, porque puede suceder que esa persona trate de quitarle el puesto. Tenga cuidado, que en el trabajo que usted desempeña le quieren traicionar haciéndolo pasar por incompetente para que fracase.

Evite disgustos y polémicas. No defienda a terceras personas ni separe a dos que peleen, porque puede resultar que sea el más perjudicado. No use armas de ninguna clase, no suceda que en algún momento la emplee y no pueda escapar de la policía y sea condenado, pues las heridas que causará serán graves.

Si este individuo se dedica a cierta clase de negocios, tiene que abandonarlos definitivamente o por algún tiempo, porque según esta marca será preso con seguridad. Tratan de destruirle su casa con

46

hechicería o por maldad de hombre o mujer. Por infidelidad. (Si la que se consulta es mujer se le puede anunciar que su marido es, ha sido o será conquistado por otra mujer, y que esté alerta porque abandonará su casa y la otra mujer triunfará).

Si es mujer quien se registra, y está en estado, que vea al médico. Que durante siete días no viaje en ferrocarril, ni salga ni monte ningún vehículo. Hombre o mujer, se le puede decir que se encontrará con una persona que le invitará a hacer algo que nunca ha hecho. Si lo hace fracasará y estará en peligro de que le den una mano de palos. A usted le gusta el bien. Ha de ver una persona corriendo por la calle; no corra usted ni se interese en saber por qué corre. No averigüe la causa. Si alguna persona tropieza con usted o lo insulta, siga su camino. Una persona le pedirá un favor, niéguese, no se lo haga, pues proyecta hacerle mal. Cuidado, le puede ocurrir un accidente en el trabajo o en un vehículo, al subir o bajar unas escaleras. La policía entrará en su casa. En cualquier momento o en un descuido suyo, puede recibir el golpe de un objeto que le tiren a otra persona y le alcance a usted. Haga lo que se le mande a hacer.

Un hombre negro le hablará de negocios o de un trabajo. Piénselo bien antes de aceptarlo. Cuidado con el dinero falso que le den o que equivocadamente pueda dar usted, porque en ambos casos tendrá disgusto o intervendrá la policía. Usted necesita un guardiero en la puerta de su casa (San Pedro). Traiga un cuchillo y una cadena nueva. Si usted lleva un arma encima déjela sobre Sarabanda, y cuidado con los rastros de sus pies, sus medias, sus zapatos y con la puerta de su casa, así como del lugar donde trabaja, porque pueden cogerlo para cualquier trabajo de hechicería y hacerle una maldad. Usted tiene que hacerse una limpieza con carne de cogote, darse baños con yerbas de San Pedro, rogarle a San Pedro y a Santa Bárbara y sacrificarles un gallo, pasarse dos palomas blancas por el cuerpo, hacerse una prenda y procure pertenecer a la Religión para que algún día tenga a Sarabanda. Si tiene Ogún o Eleguá, que lo refresque y le dé de comer.

Se le pide: un gallo para el sacrificio, una codorniz para la rogación, carne de cogote para la limpieza, dos palomas blancas para pasárselas y echarlas a volar, dos pescados frescos, manteca de corojo, pescado ahumado, maíz, coco seco, ekó, jutía, coco de agua, una botella de aguardiente, un paquete de velas, tabacos, una botella de vino seco, otra de coñac, un cuchillo, una cadena nueva y $7.35 de derechos.

3. Itatu. Derecha. Dice San Pedro que usted ha de ver lo que desea si hace lo que se le manda. San Pedro lo protege. Un hombre

negro o una mujer mulata le hablará de trabajo o de negocio. Puede aceptarlo, pero siempre con cuidado, y si se le presenta un viaje al campo, también puede aceptarlo.

Le anuncia que puede tener una tragedia o estar amenazado de prisión; la tragedia sin mayores consecuencias y de la prisión podrá ser librado. Tendra estabilidad en el trabajo y en sus negocios siempre que se prepare convenientemente. Se le recomienda que se haga una limpieza (véase si con gallo o con carne de cogote), y tres o siete baños (véase si con yerbas de San Pedro o con yerbas de otros Santos y cuantas yerbas se necesitan para los baños). Una rogación a Santa Bárbara y hacer una Prenda de camino de San Pedro. Resguardar la puerta de su casa con un Guardiero (de San Pedro). Si tiene Eleguá o Sarabanda, cuídelo, pero si no lo tiene debe iniciarse para que en su día lo reciba. No use calzado ni medias de otra persona. No preste ni regale lo suyo. Su porvenir está en el campo; gobernará negocios de otras personas o estará al frente de trabajos. Usted puede llegar a tener casa propia o por lo menos hogar estable y libre de amenazas. Si es hombre el consultante, se le podrá decir que, con carácter podrá dominar a su mujer y triunfar de la maldad de otros hombres. Y si es mujer, que su signo es tener marido seguro y triunfar de la maldad y de las acechanzas de las demás mujeres.

Al que le salga esta letra se le puede decir que se prepare para que haga uso de las facultades naturales que posee para atraer y dominar, porque ha nacido para ejercer autoridad. Puede ver la sangre correr, pero si ha cumplido con San Pedro, no llegará a verse en lugares donde haya tragedia o revoluciones, y si está presente saldrá ileso de ellas. Hay momentos en que se siente impulsado a ir a la guerra.

No se pare en las cuatro esquinas ni se reúna con nadie; no le conviene tener persona recogida en su hogar porque puede suceder que le pida favores y que usted le sirva y esta marca le dice que tenemos enemigos por esa causa. Referente a su carácter cuando se violenta: no use armas de ninguna clase, no piense nunca agredir a nadie, porque puede traerle malas consecuencias. Evite ingerir bebidas alcohólicas, puede llegar a un mal extremo. Tenga cuidado con cualquier accidente en las piernas o en los pies porque padecerá de ellos mucho tiempo o quizás los perderá. Pero puede evitarlo si usted no reniega de los Santos y anda bien con San Pedro.

Nunca se amarre las manos o los pies ni deje que lo amarren. Así se atraen líos con la policía, y hasta con su familia. Entrégueselo todo a San Pedro. (Si al preguntar con los nkobo sale esta letra como cierta, se recomienda una nsala con una "tanda de ngombe"[1], o un trabajo de nkanga[2] con una "tanda de Unsunso"[3] sobre Sarabanda.

Vístase de blanco y use una insignia morada de San Pedro en su ropa interior, friegue su casa con yerbas y refresque la puerta. Lleve un resguardo para sus piernas.

La nsala y los derechos e ingredientes, igual a los de la izquierda.

4. Iyá. Izquierda. Santa Bárbara, los Jimaguas, Cuatro Vientos y algo de la Caridad.

Según esta marca el que se consulta está pasando penas y mala vida por culpa de una persona que no lo quiere. Si es mujer y está casada, el hombre la trata con ilegalidad, se aburre de ella y la considera como esclava, no como a su mujer. La trata bien cuando persigue un fin interesado. Si ella tiene hijos que no son de él, los repudia. Dice bien esta letra que por culpa de un familiar suyo, lejano o cercano, se ha visto o se veía en mala situación. Está angustiada teniendo sueños que no sabe descifrar. Ha sido desgraciada en sus relaciones con sus amigos y amistades, víctima de la mentira de amigos y familiares y hasta de su propio marido. Esto es aplicable en todas sus partes al hombre si es quien se consulta, y siempre se pregunta en ambos casos con cuatro o seis nkobo en cada una de estas comunicaciones. También dice que el que tiene de enemigo a una mujer (o a un hombre brujo), ese enemigo u otra persona lo acusará ante la justicia.

Santa Bárbara le dice que no juegue con ella porque usted no la conoce ni la conocerá nunca. Dice también que esta persona va a cometer un grave delito y le recomienda que no se haga cómplice de ningún hecho que redunde en perjuicio de otro. Que rechace los malos pensamientos que ha tenido y pueda tener que le induzcan al delito. Santa Bárbara le pregunta si usted ha hecho lo que le mandó (en sueños o en posesión de una persona) que hiciese. Si es mujer y está en estado va a pasar trabajo porque su parto no será fácil. Si no lo está, en más o menos tiempo saldrá en cinta, y si no se refiere a ella es a un miembro de su familia, y que de una u otra manera, será difícil que logre al hijo que espera. Debe tener cuidado no se le muera en el seno. En caso que el hijo se lograra pasará muchos trabajos con él hasta la edad de siete años, porque Santa Bárbara lo quiere para ella. Se le recomienda a la persona que le sale esta marca, que no tome abortivos ni provoque abortos porque quedará en deu-

[1] Lengua de buey.
[2] Amarre.
[3] Lengua de pájaro. (Nsusú.)

da con Santa Bárbara y con los Jimaguas mientras viva. (A la mujer que le sale esta marca no le gusta tener hijos y es posible que haya cometido el delito de abortar y sea ésta una de las causas principales del disgusto de Santa Bárbara. Ojo pues con la pérdida de un hijo o de un niño de la familia que es hijo de Santa Bárbara.

Si es un hombre el que se consulta puede referirse esta comunicación a su mujer o a la que pueda tener en el futuro o a mujeres de la familia. Se le debe decir que nunca aconseje abortivos y tenga cuidado con la candela, pues en cualquier descuido se le puede quemar la ropa o declararse fuego en la casa o cerca de ella. Debe hacer una rogación a los Jimaguas o a Santa Bárbara. No maltrate a los niños. ¿Ha soñado usted con candela? Fíjese si sueña con guakaole o incendio, o con persona vestida de rojo. ¿Tiene usted alguna Prenda de Santa Bárbara? Si no la tiene trate de poseer una, y si la tiene fortalézcala.

Después de la rogación a los Jimaguas y a Santa Bárbara, debe pasarse dos palomas blancas. Atraerse a Santa Bárbara y a los Jimaguas. Se dará baños con yerbas de Santa Bárbara porque le costará trabajo ver lo que desea.

Nsala: un gallo, cuatro palomas blancas, pescado ahumado, jutía, maíz, coco, ekó, manteca de corojo, un paño punzó y otro blanco, manteca de cacao, algodón y $7.00 y siete medios.

4. Iyá. Derecha. Santa Bárbara, los Jimaguas y Cuatro Vientos.

Dice Santa Bárbara a la persona que le salga esta letra, que logrará lo que desea; es su hija o ella la acompaña y tiene su protección y la de los Jimaguas. ¿Ha soñado con plátanos? Si no ha soñado es posible que Santa Bárbara la mande a que le ponga plátanos. Si tiene Prenda de Santa Bárbara que le dé de comer, si no la tiene que la busque. No le pegue a los niños; cuide a los Jimaguas. Lo que proyecta puede fracasarle. Tratan de engañarla. ¿Sabe si familiares suyos por parte de sus padres han tenido propiedades o han dejado cantidad de'dinero? Santa Bárbara dice que su padre, su madre o algún hermano tiene propiedades o dinero. En ese caso es muy posible que eso llegue a ser suyo, o a poder de otro de sus familiares. En caso negativo esta marca dice que aunque sus padres ignoren que tienen esa fortuna, existe, y por engaño o traición de parientes no llegó a su poder, aunque algún día parte de ella podría poseerla el hijo menor.

También esta letra trata de herencia, de propiedades, dinero o prendas de Santo que han de dar lugar al ir a buscarlas o al entrar en posesión de ellas, a traicionar a una mujer con idea de darle muerte por el camino. Esta mujer es miembro de la familia. Se le pronostica que ha de tener hijos jimaguas y que va a descubrirse un secreto de familia o de intereses.

Si no ha hecho Santo, Asiéntese —iniciarse—, que será su felicidad porque Santa Bárbara lo reclama. Dos palomas blancas para limpiarse, otras dos para rogación y coco seco, coco de agua, manteca de cacao, maíz, algodón, cascarilla, agua bendita, incienso, pescado ahumado, jutía, miel de abejas, jabón blanco, un paño blanco y las yerbas siguientes: capanilla, hojas de algodón, bleo blanco, lirio blanco, hoja de prodigiosa, albahaca fina, higuereta, feligrana. Derechos $7.00 y siete medios.

5. Ifanu. La Caridad. Izquierda. Le dice la Caridad que se mude de la casa donde vive o tendrá que hacerlo de pronto. Cambie los muebles de su casa de un lugar a otro tres veces al día. Usted tiene facultad para saber las cosas antes que sucedan, pero actualmente, malas influencias no le permitan ver ni acordarse de sus sueños y revelaciones. Tiene vista pero se le nubla. La Caridad la protege o es su Angel Guardián, pero está brava con usted porque usted a veces se incomoda y habla más de lo que debe. Usted es caprichuda, resabiosa y apasionada. Actualmente está tratando con un hombre que no es su marido o está interesada en un hombre que tiene otra mujer. Ha tenido mala suerte o va a tener que conservar por mucho tiempo los maridos. Ha perdido o va a perder un bienestar que le ofrece un individuo enamorado que desea protegerla, sin embargo, todavía no ha hallado al que legítimamente va a ser su marido constante y definitivo. ¿Tiene Prenda de la Caridad? Pues téngala y cuídela. Tiene buena suerte y encontrará en su camino a personas a quienes gustará.

¿Está enferma de la barriga? Cuidado con sus menstruaciones y con las indigestiones. No coma bollos, vístase de amarillo y hágale una rogación a la Caridad.

Con el tiempo le van a descubrir un secreto de familia.

Le recomiendan que piense bien lo que hace y mucho lo que dice. Atienda a su familia para que su Angel lo cuide. Sea humilde y déjese vencer por su Angel Guardián para que gane un pleito que tiene entre manos. Se le advierte que van a darle una comida o una bebida mala y desacreditarán a los dueños de la casa y habrá chismes entre los invitados. Dele de comer a la Caridad porque si no le será difícil cobrar una herencia de familia que le pertenece.

Luche menos. En su camino hay una gerencia pero no será suya hasta que la Caridad vuelva a protegerla. Tenga cuidado con las malas ideas que le meten en la cabeza los que no la quieren bien.

Rogación: ver cuantas gallinas pide y sacrificárselas, una calabaza chica, miel de abeja, bollos, ekrú, velas, ekó, un paño blanco y otro

51

amarillo; un gallo para San Pedro, una cabeza de jutía, pescado ahumado, maíz, manteca de corojo, coco, una botella de aguardiente, tabaco; $1.05 por cada animal.

5. Ifanu. Derecha. La Caridad dice que ella lo acompaña o que es su Angel Guardián. ¿Tiene Prenda de la Caridad? Si la tiene cuidarla mucho, si no que trate de tenerla. Dele de comer a la Caridad. Refresque y alimente su cabeza si pertenece a Regla de Santo para que pueda recibir y comprender una revelación que en sueños le ha de hacer la Caridad. Le dejará un recado estando ella en posesión de otra persona. Obedezca lo que le ordene. Tiene la facultad de ver convertido en realidad lo que piensa de cualquier asunto y de ver las cosas antes que sucedan. Sus profesías se cumplen. Es de carácter variable; pasa de la alegría a la tristeza rápidamente o viceversa. No le gusta que la dominen, sino hacer en todo su voluntad. Póngale a Eleguá Nkuyo, una cabeza de jutía y pídale el bien para sí y para todos los que la rodean. Es dada a sacrificarse y a hacer el bien a toda su familia, a parientes y a otras personas, y a veces recibe ingratitudes. A pesar de todo esto haga el bien y no mire a quien. Juegue a la lotería y llegará a tener muy buena suerte en los juegos de azar. La Caridad le va a dar un dinero. Es dada a gastar, no guarda ningún dinero, le gusta el lujo, el bien parecer, tiene suerte y personas que le hagan el amor. Si trata bien a su Angel Guardián, lo acompañará y recibirá sus beneficios.

Le dice la Caridad que va a luchar por unos bienes de fortuna, papeles u objetos de importancia que le pertenecen y que fueron de un familiar suyo. Dice que va a dar una comida y que las bebidas van a perjudicar a los invitados y que la desacreditarán. También que se descubrirá un secreto de familia.

Tenga cuidado con las enfermedades del vientre y con el periodo. Piense bien lo que haga y lo que hable. No admita chismes. No luche contra lo imposible y déjese vencer por la Caridad para que pueda ganar la partida. Póngale cinco grageas con cinco palanquetas.

Rogación: 1 pollo amarillo, 5 guineas, 5 corales, una calabaza chica, jutía, pescado ahumado, coco, manteca de corojo, maíz, una botella de aguardiente, velas, tabacos; derechos $1.05 por cada animal.

6. Isabami. Izquierda. Santa Bárbara y San Francisco. Dice Santa Bárbara que usted está atrasada, ponga telas rojas en su cama, pues sus negocios pueden fracasarle. Que dice muchas mentiras por gusto, y por esa causa va a perder la confianza de una persona que puede

llegar a tratarla muy bien. Muchas personas la odian. Cuidado con la justicia, no se vista de rojo. Le harán un regalo, pero póngale harina con 12 quimbombó a Nsasi. Dele de comer a Santa Bárbara. ¿Tiene usted Prenda de ella? La han engañado en una casa de Santos, se equivocaron con los Santos y los trabajos que le hicieron y si no la engañaron, será engañada. Cuando tenga el propósito de ejecutar una obra no pida pareceres, siga su camino y no haga caso si le aconsejan hacer lo contrario. Cuidado con los mulatos o las mulatas que lo engañan, lo han engañado o lo engañarán. También con papeletas, billetes o monedas falsas, es posible que usted las tenga en su poder cualquier día, por medio de otra persona, y sería grave para usted. Cuidado con la candela. Santígüese y dele de comer a su cabeza, que la tiene muy caliente. Si presencia alguna tragedia no se meta por medio porque saldrá mal. Ruéguele a Santa Bárbara para que lo ampare. No use armas. Un hombre lo va a traicionar. ¿Le duele la cabeza todos los días? Domine su carácter porque en un momento de violencia puede surgir un arrebato que le perturbe el cerebro y atentar contra su vida o la de otra persona. Use un cordón de San Francisco. No reniegue ni profane porque Santa Bárbara lo va a castigar y la Merced no lo va a amparar. Dice San Francisco que usted irá a un lugar donde oirá algo muy desagradable que le molestará. Se encontrará usted muy pobre, pero no se desespere porque sería peor. Llame a la Caridad y a Cuatro Vientos y ruéguele, porque usted está llamado a tener un Fundamento y a gobernar, como si llegase a pertenecer a esta Congregación. Cuando haga cualquier compra siempre pida recibo que la justifique.

6. Isabami. Derecha. Dice Santa Bárbara que ella lo acompaña. Los Santeros la han engañado, pero Santa Bárbara la ayuda en muchos asuntos haciéndola triunfar. Al levantarse no le comunique a nadie lo que piensa hacer. Le anuncian San Francisco y Santa Bárbara que usted será víctima de una mala acción de personas rivales. Le prohiben que haga visitas y que tenga mucha gente en su casa. Le causarán serios disgustos.

Usted está pobre, pero Santa Bárbara le mandará dinero para que se remedie en algo. Use su insignia. Si alguna persona viene a hablarle mal de otra, no le dé oído ni le conteste. Tiene dos enemigos que lo combaten; son mulatos, Santa Bárbara los castigará. Si lo llaman como testigo en asunto de policía no acepte porque pasará disgustos y se buscará enemigos. Van a llevarle prendas, billetes o monedas falsas, no las acepte, no las admita. Cuidado con la candela. ¿Ha

53

soñado con incendio, monte de palmas, guacalote o con mujer u hombre vestido de rojo? Si ha soñado es un aviso para usted o su familia. Santígüese, refrésquese y dé de comer a su cabeza porque está muy caliente. Cuidado con los polvos malos. Si es mujer, un hombre que puede ser moreno la ha enamorado o la enamorará, tenga cuidado, que visita las casas de santeros y acostumbra amarrar a las mujeres. No le mienta a su marido. Si es hombre no le pegue a su mujer. ¿Tiene usted deuda con algún Santo? Si la tiene, que la cumpla enseguida.

Para refrescar la cabeza, jabón blanco y las yerbas que coja para darle de comer a Santa Bárbara, dos gallos indios y uno para San Pedro, una botella de aguardiente, pescado ahumado, jutía, coco, manteca de corojo, ekó, bollos, agua de coco, plátano manzano, una botella de coñac y otra de vino seco. Derechos $6.50.

7. Beluande Lunganfula. Derecha. Esta marca le anuncia que su porvenir y bienandanza está en el campo, viajando por el mar en distintos países extranjeros. ¿Ha viajado usted por mar o por ferrocarril a distintos pueblos? Si no lo ha hecho lo hará, acepte proposiciones que en tal sentido han de hacerle. Tenga en cuenta que no puede vivir estancado. Visite las entradas de los bosques, venere los árboles centenarios, que son sagrados. Visite la orilla del mar, páguele sus derechos e invoque y llame a sus dioses. Observe su carácter, el resultado de sus negocios, el éxito o fracaso de lo que piensa hacer, si ello está en concordancia con los movimientos de la luna, y cómo se encuentra de salud, si se siente triste o alegre. ¿Le debe una promesa a Maluande? ¿Ha soñado con una mujer negra o con otra mujer vestida de azul? ¿Ha soñado que viajaba por el mar o se ha visto conducida por personas desconocidas a un monte? Si no ha tenido esos sueños los tendrá como revelaciones. Pague la deuda de Maluande, si no la tiene, déle de comer. Procure tener Prenda de esta Santa. Si la tiene cuídela y fortalézcala. Dése baños y friegue su casa con yerbas (debe verse qué clase de yerbas); lave su cabeza con agua de coco. Póngale dos cocos a sus familiares que hayan muerto. Juegue billetes pero no se los enseñe a nadie.

Se ha encontrado con hombres o mujeres negras perturbadoras, que le han hecho mal pero no lo han podido vencer. Desconfíe de cartas de negros que reciba, y recibirá cartas de familiares o amigos y de personas por quienes se interesa y que serán importantes para usted. Un día va a dar una comida a la que invitará a varias personas, pero antes debe de refrescar la casa con yerbas de la Merced e incienso con azúcar blanca, para evitar las malas influencias que pudieran traer esos invitados. Tenga cuidado con lo que hable en esa comida, podría surgir una pelea o malos comentarios. Mejor celébrela con sus familiares o con personas probadas de su amistad. Si no es así absténgase y no de ninguna, que las malas lenguas y las malas influencias han de caer sobre usted, acusada de calumnias por chismes de sus enemigos. ¿Tiene usted en su casa ropa azul? Si no es así, ponga la insignia de la Virgen de Regla en su cama y úsela. Usted ha criado o criará un niño o una niña que será buena con usted en su vejez. Dedíquele dos cocos a sus parientes lejanos desaparecidos. Compre billetes pero no se los enseñe a nadie ni regale de los que usted compró a otra persona. Manténgase en bien con su Angel Guardián, así nunca le alcanzarán los malos efectos de la hechicería, las malas lenguas ni los malos ojos. Si va al campo cuide su pelo y su dinero por la Wemba y los malos ojos. Cuidado con las bebidas malas y las enfermedades de la vista. Sacrifíquele un puerco a Baluende. Para refrescar la cabeza, jabón blanco, las yerbas que escoja, coco de agua, manteca de cacao y agua bendita. Para la rogación, dos palomas blancas, coco seco y un palo blanco. Para dar de comer, pato y gallo, ekó, melado, plátano manzano y bollos; para San Pedro, gallo, manteca de corojo, pescado ahumado, jutía, una botella de aguardiente, maíz y $7.55 de derechos.

8. Inana. Derecha. La Merced le dice que usted es hijo de San Francisco y de Oyá (Centella), y protegido de todos los Santos, usted tiene poderes para vencer en todo, lo posible y lo imposible; tiene muchos enemigos, pero ninguno lo vencerá. Usted llora algunas veces, pero después se ríe, y cuando se siente aburrida de la vida sale a la calle y se le quita la tristeza. Usted siente compasión por los enfermos y le impresiona mucho que sus amigos y familiares mueran. No vaya donde hay enfermos o muertos. No salga a la calle durante siete noches. En su casa hay una mujer, un familiar o amiga que está, ha estado o estará enferma por falta de menstruo. ¿Tiene usted alguna Prenda de las Mercedes? ¿Sí? Pues consérvela, adórela y refrésquela; dele de comer. Si debe alguna promesa, páguela. Vístase de blanco y confórmese con lo que tiene en su casa, no aspire a tener lo que tienen otros. Personas blancas van a enamorarse de usted o tenerle una buena amistad. Le harán todo el bien posible.

Trate de tener negocios, relaciones e interés con personas blancas. Usted es caprichosa e insiste en lo que desea. Cuidado con la hechicería. Refresque su cabeza. No se ponga en la cabeza nada que se haya puesto otra persona. No le haga mal a nadie ni reniegue aunque sea con el pensamiento. Fortalezca su cabeza para que pueda comprender los sueños, los que son buenos y los malos. Ha habido miembros de su familia inteligentes, que poseían bienes y conccían secretos por medio de talismanes que tuvieron. Estos podrían llegar a usted. Es muy importante no dejarse poner las manos en la cabeza por otras personas. Atienda su pelo. Observe el sol y la luna, cuídese de ellos y viva rigiéndose por los movimientos de estos astros. Adore al sol que así adora a Kunankisa. Vaya ocho días seguidos a visitar al Santísimo Sacramento. Use ropa blanca en su cama y conserve su fe, que si no la conserva puede llegar a cumplir malas misiones y la Merced, San Francisco y los demás Santos se disgustarán con usted. En este caso llegaría a tener padecimientos del cerebro, de los nervios y del corazón. Usted criará un niño, o habrá un muchacho miembro de su familia hijo de abikú, a quien usted cuidará. No lo maldiga, no le pegue en la cabeza, no lo mortifique, porque éste será su bienestar. Hágase una nsala de guenguén y una Prenda de guenguén y Cuatro Vientos.

8. Inana. Izquierda. Dice: la Merced le tiene sus caminos cerrados y rodeados de enemigos, fracasada en sus negocios o empeños, fracasada en sus propósitos por mala influencia que aleja a los que quieren protegerla. Aumentarán sus deudas, no podrá pagar a quien desea. Tendrá pasión de ánimo y deseos de suicidarse. Malos sueños que no comprenderá. Tiene tapada la vista para no ver a los que le hacen daño. Enfermedades de los nervios, raptos de ira y de violencia, momentos de capricho, terquedad e incomprensión de las cosas, falta de memoria, obsecación, cree que está enferma del corazón; ninguna paz, falta de sueños tranquilos, angustias, dolores en el alma, ganas de llorar, tristezas y deseos de irse pronto del lugar en que se encuentre. Todo esto por culpa de usted misma, que algunas veces tiene fe y otras no, que profana y reniega con el pensamiento y que no ha hecho lo que le han mandado los Santos, los espíritus o personas materiales que piensan bien, y todo esto le pasa por ser usted muy caprichosa. Usted tiene, ha tenido o tendrá interés en una persona a quien otra se quiere llevar por medio de la hechicería. Dele de comer y refresque su cabeza. Tiene usted que tener una Prenda de la Merced y de Cuatro Vientos. Kunanguisa está muy bravo con usted. Si tiene Prenda o Santo es que no lo atiende o lo desprecia. No coma boniato ni comida guardada de un día para otro. No mate ratones. No le falte a nadie ni se burle de los imperfectos. (Si es mujer va a tener un hijo, o lo tiene, que es abikú. Es cabeza dura, rabioso, soberbio y la ira lo domina.

Ha tenido tres hombres o tendrá tres maridos distintos. Ha dormido con tres hombres distintos en estos días. Haga una rogación a la Merced; ella dice: ha reído mucho para después llorar.

9. Ifuá. Izquierda. Le dice Mariwanga que trate de no incomodarse, porque puede costarle una mala enfermedad y hasta la muerte. Ella le reclama una promesa que usted tiene con un Santo o con ella misma. Dice Mariwanga que si usted tiene alguna deuda con un muerto, ésta consiste en cariño, amistad, dinero, juramento o deseos del muerto de vengarse de usted. ¿No le ha dado comida a los muertos? Si no lo ha hecho, hágalo. Va usted a padecer del estómago. No coma calabaza. Cuídese de sus enemigos, entre ellos hay un muerto que lo persigue. Mándele a decir una misa. ¿Ha tenido disgusto con algún familiar muerto? (Si es mujer va a padecer del periodo; si es hombre de los testículos, de la orina, de relajación —quebraduras—). Tenga cuidado con las bebidas alcohólicas. ¿Ha habido en su familia alguien aficionado a la bebida? Usted es persona porfiada hasta la terquedad, caprichuda y algunas veces renegada. No vaya adonde pensaba hasta que haga una rogación para evitar un mal. No se vista con ropa de nadie ni de la que usted usa. No dispute, niéguese a guardar lo que le den y menos si está tapado. A tres puertas o a tres esquinas de su casa puede usted recibir una hechicería de congo. Desconfíe de un enemigo mulato o negro colorado o mujer del mismo color. Tiene personas enemigas que le deben muchos favores. Dígale una oración a Mariwanga. Cuidado con la hechicería, vea dónde come y dónde bebe. Evite verse enredado en chismes, le perjudicaría mucho. Tenga en la puerta de su casa un guardiero y esté siempre alerta. Hay una persona que lo visita y que es traidora. Usted sueña con máscaras y con muertos. Ha de tener noticias de un familiar o de amistades, de una persona enferma de gravedad o de muerte. En guardia con la justicia, evite toda intervención con la policía. Vigile su salud no haya que operarlo. No piense en el suicidio, no se desee la muerte, no maldiga ni invoque a sus familiares muertos para que se la lleven. Cuidado con la candela y con bebidas descompuestas. No visite a los enfermos graves, no concurra a ningún velorio, a entierros ni al cementerio. Rogación a Mariwanga.

9. Ifuá. Derecha. Le dice Mariwanga que una persona muerta, familiar de usted le pide luz y una misa. San Lázaro y Mariwanga le reclaman la deuda de una promesa. No se vista con ropa remendada, con rayas o de otra persona. ¿tiene usted alguna cicatriz en el cuerpo? No ponga nada debajo de su cama. A usted la resguardan San Lázaro y Mariwanga. Hágale rogación a los dos. (Si es mujer póngase un refajo de retazos, o una camisa si es hombre.) La muerte anda por su casa y una persona que usted aprecia se va a enfermar gravemente y recibirá noticias de una muerte. No debe de estar en la calle durante nueve días, a la hora de la oración ni a las doce de la noche. Usted

tiene tres enemigos que la combaten, pero un buen espíritu la acompaña y la defiende. Cuidado con la candela, no deje luz a su espalda. ¿soñó con máscaras o con comida? Si no ha soñado soñará, y significa enfermedad, muerte, traición. Tenga cuidado que puede usted recoger el mal de una hechicería dirigida a otra persona.

10. Kumí. Derecha. Dice San Lázaro que no le falte el respeto a las personas mayores. Ya que no le importan los secretos ajenos no los investigue ni permita que nadie se los cuente. No coja nada de nadie. Tape los agujeros de su casa y las botellas. Llene las vasijas de agua y vacíelas, vuelva a llenarlas y tápelas. La muerte anda en su camino. Vístase de blanco. Usted desea una cosa que no ha podido lograr. Haga una rogación con pescado al pie de San Lázaro. En su camino aparece una letra mala. Cuidado con los objetos que use para lavarse, comer y beber porque puede contagiarse y enfermar de la sangre. Cuidado con las enfermedades secretas. Es posible que en su familia haya un enfermo grave. Cuídese de los hechiceros, no se burle de los imperfectos ni se alegre de las enfermedades ajenas. Le han cogido su dinero o se lo van a coger; un hombre Santero o espiritero, uno de ellos, lo va a engañar. Dese baños con yerba de San Lázaro.

10. Kumí. Izquierda. Le pregunta San Lázaro si usted ha pensado suicidarse alguna vez. Si lo hace difícilmente morirá, en cambio quedará padeciendo mientras viva. Si muere, será en cruenta agonía. ¿Tiene usted pesadillas o desvelos? Si los tiene es por enfermedad del estómago, irritación de los nervios y perturbación de su cerebro. ¿Por qué maldice con el pensamiento? Usted no guarda secretos ni aunque sean suyos. Le gusta enterarse de todo. ¿Ha perdido alguna prenda, ropa, dinero, retratos o algo prestado que no le han devuelto? Cuidado con la maldad. Santígüese tres veces y diga: San Lázaro, que yo tenga mucho cuidado con el camino que usted me quiere escoger, de lo contrario podría sucederme una desgracia irremediable. ¿Debe usted alguna promesa o tiene alguna deuda con San Lázaro o Mariwanga? Si les debe algo, páguele. El Angel de su Guarda está peleando con usted pero piensa mandarle algún dinero para que pueda hacerse una rogación y perdonarlo. En su casa hay algún enfermo de edad avanzada, de cabellos, barba y bigotes blancos, llévelo al médico. Si esta letra sale por segunda vez, refrésquense los nkobos, téngase por muy mala, eche agua en los rincones de su casa y en la puerta de la calle. Después refrésquese los ojos, la frente, la parte de atrás de la cabeza, la garganta y las manos. Cuídese de las enfermedades secretas de la sangre y de las epidemias contagiosas.

11. **Kumiyosi. Izquierda.** Eleguá y Nkuyo dicen que no se pare en ninguna esquina. Usted ha tenido o tendrá los siguientes fracasos: pérdida de trabajo, de un objeto de valor o de dinero, incumplimiento en los negocios para con usted y de usted con otras personas, de palabra dada y de otros asuntos, chismes, enredos, malas interpretaciones, intervención de la policía, reyertas o tragedia por diversos problemas debidos a obsecación y a no poder evitar la pérdida de propiedades, de la casa, a disgustos con su familia o con personas por quienes siente amor. Acusaciones de sus familiares contra usted, o de los familiares de esas personas por traición de amigos y malquerencia de usted hacia ellos. Siente deseos de agredir a la policía o a las autoridades. Se le acusa de robo, estafa o hurto, falsificaciones o cualquier tipo de engaño. Cuidado con accidentes en su casa, en la calle o en cualquier otro lugar. Si alguien tropieza con usted, no diga nada, dele la derecha, y si lo provoca no le preste atención.

La Caridad está brava con usted. De resultas de una enfermedad puede usted baldarse. Nkuyo también está molesto. Prevéngase contra accidentes, malas influencias o hechicerías en las piernas o en los pies, de la que puede usted quedar paralizado o padeciendo largo tiempo. No use armas porque puede usted matarse. Su casa es húmeda y tiene objetos de muertos. No diga nunca que su esposo o esposa le quiere mucho. No pelee que puede haber violencia y ser caso de justicia. Usted quiere saber el presente y el futuro de usted y de su familia. Se halla usted pasando muchos trabajos y tiene un apuro que quiere saldar pronto. Una misa para los muertos de la familia, una rogación y una limpieza.

Un chivito, un pedazo de cogote, un pollo negro, una botella de aguardiente, velas, tabacos, maíz, cocos, manteca de corojo, pescado ahumado, jutía, una colcha de zaraza y $9.45.

12. **Kumiyolé. Izquierda.** Dice Santa Bárbara que no acuda a nadie y menos sin saber con certeza si lo merece. Es malo calumniar. A usted quieren dominarla, pero no pueden aunque lo crean. Cuidado con la candela. Usted tiene varias mujeres, pero cuando está apurado halla amparo en la principal, que es a la que desprecia y maltrata. Cuidado con el coito y con sus queridas, maquinan una maldad. Hágale una rogación a Santa Bárbara. En una visita o en una comida piensan dañarlo. Abra los ojos porque lo quieren ver sin casa y que no tenga estabilidad en ninguna parte. Santa Bárbara dice que usted quiere poder más que ella, y que se lo va a impedir, si usted persiste en su arrogancia le cerrará el camino y lo quemará. Santa Bárbara le prohibe que le pegue a su mujer o le va a quemar las manos. Usted es víctima de una hechicería mayombe y por eso lo han botado o lo

59

botarán de donde trabaja. Quieren desesperarlo hasta que se suicide. Su Santo está en contra de usted. Desean matarlo, herirlo o enfermarlo. Son muchas las personas que se quejan de usted. Su mujer, alguien de su familia o una de sus queridas está embarazada de varón o tiene un niño pequeño. Póngase una señal de Santa Bárbara y póngasela al niño también.

12. Kumiyolé. Derecha. Dice Santa Bárbara que tenga cuidado con la candela. ¿Tiene usted alguna deuda pendiente con algún Santo o con la misma Santa Bárbara? Páguela. ¿Tiene prenda de Santo? Si no la tiene búsquese una de Santa Bárbara y otra de la Merced. ¿Soñó usted con una Santa y con un moreno? Cuidado entonces con una hechicería. En adelante hallará mucho trabajo, pero ha de ver lo que desea en su camino. Cuidado no pise unos polvos malos que se han preparado para otra persona. Si es mujer, un moreno la enamora; mucho ojo con las cosas que le dé o le pida, porque visita las casas de Santo y piensa amarrarla.

Cuídese de la lámpara, de la vela o del reverbero. Lávese, refrésquese y alimente a su cabeza. Dice Santa Bárbara que para averiguar lo que le interesa en su camino, tiene que ser humilde con ella, adularla y amarla. Tener prenda de ella y de la Merced. Báñese con yerbas de las dos, vístase de blanco y tenga una insignia roja. No maltrate a sus mujeres (si es hombre el consultante).

Dice Santa Bárbara que no desea que usted sea violento, que domine su soberbia y hable poco. Dice también que no maltrate a los niños. Ebo: un carnero y un gallo, una jicotea, dos guineas, seis quimbombós, seis varas de género rojo y seis de blanco. Derechos: $12.60.

13. Kumietato. San Lázaro-Mpazulemo. A usted le persigue la muerte por todas partes. Hágase una rogación. San Francisco y todos los Santos están disgustados con usted. Usted debe tener una prenda de Nkuyo. No se pare en los Cuatro Vientos, cuatro esquinas o cuatro calzadas, porque va a recibir malas influencias, heridas o hechicerías. Limpie su casa y tenga cuidado con la policía pues puede ir a la cárcel. Un muerto lo persigue y perturba. Su camino está muy malo, puede ser que usted tenga una tragedia en la que hiera o lo hieran, mate o lo maten. Cuidado con una larga prisión o una larga enfermedad que lo deje inválido o impedido; puede perder la vista y tener arrebatos de locura, convertirlo en borracho y que le falte la casa y la comida. Tiene por enemigo a un hombre negro, no vaya con él al cementerio ni esté en reuniones de otras personas que contando con usted sumen tres, porque el tres es mal número para usted. Que

le hagan una limpieza. ¿Ha encontrado usted prenda de camino de Santo? ¿Ha despreciado usted a Santos de sus antecesores que le pertenecían? ¿Ha botado usted resguardos de Santos? ¿Está usted bautizado? ¿Tiene hijos o familiares sin bautizar? No ande con nadie, ni con personas malvadas o de malas influencias. Viva solo y duerma solo.

Ebo: un palo que tenga la altura de su cuerpo, pita de corojo, 18 caracoles, nueve cintas de colores, un pollo negro y $4.95 de derechos.

14. Kumiyá. Derecha. Centellita, Mariwanga. Dice Centellita que le traiga un casco de carnero y que visite el cementerio durante catorce días. Dése baños con catorce yerbas distintas; guarde ayuno durante siete días y vaya a la iglesia esos mismos días a oír misa y rezar ante el altar del Cristo Crucificado. Tenga una corona de zarza con cuatro lazos morados. Una persona envidiosa quiere perturbar su camino. (Cuando sale esta marca se amplía con Mariwanga Derecha.)

14. Kumiyá. Izquierda. Dice Centellita que usted quiere ir al campo. No vaya porque será muy malo para usted. En su casa, donde usted trabaja o por donde pasa todos los días en la calle, hay una brujería de mayombe.

El hombre con quien usted habla no le conviene. Tenga cuidado con los vehículos porque puede sufrir un accidente. Hay una persona que lo maldice constantemente. Haga rogación a Centellita y verá a un enemigo que usted tiene.

No le haga favores a todo el mundo, pues por causa de un favor tiene, o tendrá un enemigo formidable. Debe abrir los ojos. (Si es mujer la enamora un moreno. Tenga cuidado). (Se amplía con Mariwanga derecha.)

15. Kumitano. Izquierda. Dice la Caridad que se haga una rogación con quince ingredientes y todos los que necesite. La Caridad la quiere enfermar y dice que no la llame más porque es sorda a su llamada. Padece o va a padecer de la menstruación. Usted tiene dos maridos. (Si es hombre, dos mujeres). Esto va a descubrirse y va a pasar un mal rato. Usted batalla por coger un dinero, pero no lo cogerá mientras se resista a hacer lo que le manda la Caridad. (Se amplía con 5, Chola. Izquierda.)

15. Kumitano. Derecha. Dice la Caridad que usted tiene que hacerse de una Prenda de ella y vestirse de amarillo. Pronto tendrá un dinero. Una envidiosa quiere robarle su suerte. Cuando coja el dinero dele un pavo real a la Caridad, además cumpla con lo que usted le ha ofrecido, y así ella estará siempre contenta con usted. (Se amplía con Chola derecha.)

16. Kumi Isabami. Derecha. Dice la Merced que usted es su hijo, que visite al Santísimo ocho jueves seguidos. Vístase de blanco siempre. Tiene usted que poseer una prenda de la Merced. Invóquela. Su suerte es buena. (Se amplía con la Merced, derecha.)

16. Kumi Isabami. Izquierda. Usted quiere poder más que su Angel Guardián, que es la Merced. Por eso se va a ver muy mal, más de lo que está ahora. No le eche la culpa a nadie, es ella que le vira la espalda y la castiga. Ningún Santo lo perdonará a usted hasta que le haga una rogación a la Merced con doce pares de palomas blancas. Si usted no se ha casado, despues que haga esto, se casará. Tiene que gastar algún dinero para hacer una Prenda de la Merced y alcanzar algo de ella. No se burle de ningún Santo porque le darán temblores y escalofríos. Tiene usted que orar postrado ante la Merced ocho jueves o viernes. Es usted renegado, incrédulo, pero no le quedará más remedio que creer y hacer lo que los Santos le digan y manden, de lo contrario perderá la cabeza, el cerebro, padecerá de los nervios y del corazón. (Se amplía con la Merced, izquierda.)

Siempre se registra y se oficia frente al altar colocando en la estera un vaso de agua con un gajo de albahaca. Algunos Padres ponen sobre el vaso un paño punzó o azul y un espejo para "mirar", y queman incienso.

LA INSPIRACION. "TRABAJOS"

La "Inspiración" o toma de posesión por un Santo o por una Nganga del Padre o Mayordomo o de otro miembro del Templo, es el medio de comunicación más directo que existe entre los seres sobrenaturales y los hombres que acuden a ellos. Por boca del medium el Santo habla, pronostica, amonesta; los instruye, e indica en ocasiones y dirige el "trabajo" que en cada caso es necesario realizar para auxiliarlos o salvarlos: se le mete un crucifijo en la boca para que hable. Le cedo la palabra a M.:

–"Al presentarse una Inspiración se le dice: Inspiración divina que has tomado posesión de X. bienvenido seas a este Templo al que con los fluidos poderosos del Padre nos traes una comunicación, a nosotros, los de este plano tierra. Se le saluda, se le ofrece "mechuso"[1], "lango"[2], y se le pone un Cristo en la mano derecha. Con los dedos se le despoja la vista y se le dice: "Así como San Juan Nepomuceno desató su lengua, que la tuya se desate". Con el Crucifijo se le hace una cruz en la boca y a cada lado del pecho. "Fírmemente, como lo manda la Santa Obediencia, desata la lengua para me mboba to lo muana".[3] Y tres veces más se le despojan los ojos repitiendo: "Vititi mensu".

"Baja la Inspiración y el Caballo[4] queda rígido", cuenta una visitante de Mama Luisa Cuatro Vientos Mama Fiota. La Inspiración, por lo que nos refiere, asume la actitud canónica en que se representa al Santo que lo "inspira" en estampas e imágenes de bulto. "Y así se está un rato quieto y firme como una estatua".

San Luis Beltrán avanza un pie y alza el brazo derecho a la altura de la frente para sostener en alto un Crucifijo que el Mayordomo se apresura a colocarle entre los dedos de la mano derecha, y en la

---

[1] Albahaca.
[2] Agua.
[3] Para que le hables a todos tus hijos.
[4] Medium.

izquierda le hace empuñar una especie de cetro. Los fieles congregados, con los brazos extendidos en cruz, se le inclinan y él los santigua. Luego escuchan sus advertencias y reciben sus órdenes, pues la Inspiración, me refiero a San Luis, ve lo que cada cual necesita para curarse de una enfermedad, para protegerse de un bilongo, para alejar un espíritu malo, para ganar un pleito, etc., etc., y para eso dicta remedios, limpiezas, baños, nchilas o resguardos y trabajos. Cuando San Luis se posesiona del Padre de un Templo, el Mayordomo empuña un Crucifijo envuelto en un gajo de albahaca, lo humedece en agua y le hace tres cruces en la frente, reza una oración en lengua, lo vuelve a santiguar con el Cristo y la albahaca y da tres patadas en el suelo.

—"San Luis es el que da más instrucciones", me advierte Santo Tomás Ver y Creer, "pues es el guía de la instrucción, como usted sabe, y va a un Centro Espiritual. Todos los años nuevos se presenta y aconseja lo que debemos hacer. Dice lo que trae el año. Pero no es muy parlanchín, es lacónico, va al grano. Por ejemplo dijo: Este año va a haber mucho cáncer. No coman carne cruda. Si la comen cocínenla bien."

Para despedir la Inspiración se dice:

"Yo, ... X. y Andrés Facundo Cristo de los Dolores con todos los inspirados, Santo Domingo de Silos, por la misericordia de Dios, Angeles, Arcángeles, Querubines y Serafines, por la Institución QUIEN VENCE del Santo Cristo del Buen Viaje que triunfa y triunfará hasta la consumación de los siglos, por ser Dios tan bueno, digno de ser amado, Justo Juez de vivos y muertos, premiador del bueno y castigador del malvado, en este instante dígnate oír mi humilde plegaria y elevar mis sentidos desde mis plantas hasta la Corte Celestial, emparentando con la Santísima Trinidad, Padre, Hijo y Espíritu Santo, bajo la comunicación de San Benito de Palermo y de Casimiro Tronco de Ceiba para encaminar a este inspirado que está posesionado en la materia de ...X. y la conduzca a su divino lugar. Jesús te ampare, Jesús te guíe, Jesús te vuelva el conocimiento ... San Juan de Dios, San Juan Bautista, San Juan Nepomuceno, devuelve tu alma sin que te sobrevenga ningún accidente. Los poderes de los Troncos de la Fe en mí estén, y en ti, espíritu pecador; (pasarle un Cristo haciéndole una cruz en las sienes y en el cerebro y en todas las coyunturas.) Se dan tres golpes en el suelo y se le sopla aire en los oídos con la boca tres veces, y con un gajo de albahaca y agua bendita, se le golpea tres veces en la frente, tres en el pecho y tres en el cerebro, y se le llama por su nombre.

Esta oración sirve también para auxiliar a las personas accidentadas. Se ordena que todos los que estén sujetando a la persona la

64

suelten, y entonces con el dedo índice y el pulgar de la mano izquierda se le coge pelo de la frente y en la mano derecha se tiene el Cristo. Con él se hace lo mismo que indica la Oración al final." Con la mayor sencillez el Mayordomo del Templo primero de la secta, el más antiguo, recita para despedir una inspiración.

"Yo Mayordomo autorizado por mi Padrino Padre Nchula, Cristo de los Dolores y Tronco Ceiba, para retirar al ser de esta materia le digo: Corazón de Jesús enternecido acuérdate de los tres clavos de Cristo que viste en Belén."

A veces, estereotipado durante largo rato, el Padre, vehículo o medium de San Luis, no puede doblar inmediatamente las piernas; tiene los brazos rígidos de mantenerlos en la misma posición, y es menester administrarle friegas y masajes violentos para que le circule la sangre y se distiendan sus músculos. Padres, Madres, Mayordomos, ahijados, devotos, asiduos a los ritos del Templo permanecen rigurosamente de pie o de rodillas el tiempo que duran las Inspiraciones.

El Fundador, Andrés Petit, despedía las Inspiraciones con su báculo, aquel famoso báculo del que nunca se separaba y que "hacía retroceder lo malo y brincar o paralizar al que tocaba". Era de madera de olivo. Bastaba que lo alzase en dirección de una persona para que ésta, detuviese de pronto su marcha como si obedeciera a una fuerza superior.

Una asidua al Templo e iniciada, no dejaba una sola noche de recitar esta plegaria que me permitió copiar:

"Nkisi Santísimo Sacramento del Altar, Dios de la Naturaleza, tres Personas distintas y una sola Esencia.

Baco licencia: a mí para que me des los Poderes Santos y bajo la Institución del Santo Cristo del Buen Viaje lleve mi pensamiento desde Ntoto a Nsukururú, y sea oída y atendida por mis Angeles Guardianes, Mama Kengue la Santísima Virgen de las Mercedes y Mariwanga, Santa Candelaria, pidiéndoles que me den salud y me ayuden a mantener con la que juré Sambia, juré Nganga y San Luis Beltrán, Ceiba a la Puerta del Camposanto, juré Ngueye y juré Congo Kimbisa Batalla Santo Cristo del Buen Viaje, y pueda retirar, rechazar y dominar cualquier acción diabólica, mal pensamiento, malembe de vivos o muertos, vistas malas, malas tandas[1] y emparentar con la Santísima Trinidad en los momentos de dolor del cuerpo y del alma. Que en sueño y vigilia reciba la comunicación ntanda[2] para mi salvación en la Santísima Trinidad del Santo Cristo del Buen Viaje, que ha vencido, vence y vencerá.

---

1 Lengua.
2 Verbal, hablada.

65

Sambia, Sambia, Sambia, Santo Tomás de Aquino, ver y creer".

Ella me reportó que hallándose ausente del Templo una noche en ocasión de un sacrificio, San Luis Beltrán se posesionó de uno de los siervos y le dejó un recado que anotó el Mayordomo. Le aconsejaba hacer una nchila (amuleto) con dos palomas, una hembra y otra macho, con su nombre y el de su marido. Sacar los corazones de las dos palomas y tenerlos atravesados con dos agujas durante ocho días. Hacer polvo con maderas de árboles que pertenecen a la Virgen de las Mercedes, con las palomas y con tierra de la Prenda de Kengue. Entizar la nchila con cuentas de un collar de Mama Kengue. Al cumplirse un año llevaría la nchila para hacerle un sacrificio, los animales necesarios y cuatro pesos. Estos cuatro pesos los pagaría poco a poco.

San Luis se proponía con este amuleto, mantenerla unida a su marido, "amarrar sus corazones". Una precaución que nunca está de más en los que se quieren bien.

Una Inspiración curó a J.T. cuando enloqueció de tanto beber. Entre las fichas que conservo aparece esta en que J.T. cuenta lo que aconsejó la Inspiración cuando sus hermanos de religión consultaron su caso. El Padre Maestro rogó en esta oración que se le concediera colaboración divina para curarlo.

"Yo Tata va Nsambi, hijo del Padre Cuatro Vientos Nganga Nkisa, Nkisa Predilecto sobre el Poder del Tabernáculo y José Facundo y Madre del Cristo de los Dolores por la Misericordia de Dios y de los Poderes Santos que animan el Tronco de la Fe, en el nombre de la Santísima Trinidad, Padre, Hijo, Espíritu Santo, trasmíteme la comunicación sobre el Padre Jesús Nazareno Nkisa hijo de Casimiro Tronco Va Ceiba, Mayordomo Perpetuo de San Benito de Palermo. Revísteme con el poder natural para hacer y deshacer cosas visibles e invisibles bajo el Espíritu que me guía y del potente astro dominante. Concédeme pasar por este cuerpo pecador el divino espíritu que lo domina con ensalmo de Jesús lo ampare, Jesús lo guíe, Jesús lo vuelva a su sano conocimiento. En el nombre del Padre, del Hijo, del Espíritu Santo. Amén."

La Inspiración aconsejó que se destruyese la Prenda que le pertenecía al enfermo y se le hiciese una nsala, una purificación. Se conseguirán tres huevos de codorniz, uno de ellos se llevará al Asilo[1] con el huevo en la mano izquierda y el Crucifijo en la derecha se invocará la Prenda destruida y el huevo se le romperá en la frente a J.T. Esta

---

[1] Mazorra, la casa de dementes en que estaba recluido J.T. J.T. era un hombre de la raza blanca que pertenecía a una familia muy decente de origen francés, que huyó de su casa a la edad de dieciseis años para ser ñáñigo.

operación la llevará a cabo San Luis sin temor; Silvestre y Jesús irán con él. También es necesario conseguir siete plumas de lechuza y con ellas hacerle una cruz en la boca de oído a oído, invocando a San Luis, a Andrés Facundo y al Santísimo.

José preparará unos polvos de Kengue y los echará en la ropa que se le llevará para cambiarse. La tendrá puesta ocho días. Lo visitarán dos jueves seguidos para despojarlo con agua bendita de veintiuna iglesias y un huevo de guinea. Hecho lo anteriormente indicado, en cada visita se sentará a J. de cara al sol naciente, la espalda al poniente, se tirará el huevo hacia atrás, cuidando que no sea en dirección a J., pues todo el trabajo se perdería.

De esto hacía muchos años. Me contaron entonces que la Inspiración de San Luis Beltrán declaró ante todos los Padres congregados en aquella ocasión que ordenaba y ordenó que los objetos sagrados, además de lo que estos contienen —y sin alterar la forma en que se construyen— llevarían las siguientes especies. El Mayordomo escribió sus palabras: "Ordeno que sobre el algodón de la Extrema Unción, cuando ésta se administre, se invoque el nombre y apellido del que está muriendo". (El moribundo a que se refiere será seguramente un miembro de la Institución.)

"Sobre el algodón de la Extrema Unción se extiende un zurrón entero de hembra, y sobre el zurrón un corazón[1]. Esto en el Primer Paso[2]. En el Segundo Paso se pondrán tres corazones, y siete en el Tercero. El corazón que ha de tener todo Tronco[3] es el de un ave de la noche. Corazones de otras aves, hembras y machos, se colocan por orden: de sabanero, cuco, gavilán, tocoloro y carpintero.

En el Segundo Paso: dos corazones de Susundamba (lechuza) macho y hembra. La tercera nchila queda a elección del Padre Constructor según el examen que hará con la vista[4].

En el Primer Paso el corazón, con siete huesos de tarso y metatarso, se envuelven en piel de venado o de tigre legítimo. Así construido un makuto (amuleto), un lado se cubrirá con caracoles pequeños y en el otro se pondrá un Cristo. Este Cristo se llevará al Cementerio a una sepultura[5], y luego a la Catedral y a seis iglesias.

El Segundo Paso lleva catorce huesos y el tercero veintiuno".

Cumplidas fielmente las instrucciones de la Inspiración, J.T. recobró el juicio, dejó de beber y volvió a desempeñar, al igual que otro

---

1 De animal.
2 Primera Iniciación.
3 O Fundamento.
4 Consultando el Vititi Mensu, el Espejo.
5 La de algún Padre Maestro notable o en la de Petit.

kimbisa que había sido tan borracho como él, sus deberes en el Templo. Aquel otro Mpambia creo que fue Padre Musinga, el que azotaba con cáñamos tejidos rematados con púas de hierro. Una buena azotaína con muzinga era el castigo que se imponía a los culpados por faltar a las reglas de la Institución. Pero voluntariamente, por disciplina, muchos kimbisas se autocastigaban flagelándose hasta que la sangre brotaba abundantemente de sus pechos y espaldas. Así hacía M., que tenía en calidad de Primer Mayordomo el cuidado del Gran Caldero del Templo, que contiene a Sarabanda, el Mpungo[1], Protector del Templo, e individualmente de M., que me llevó a su casa a "saludarlo" con este rezo que ya conoce el lector:

Sala Maleko maleko nsala,

le decía M. cuando lo necesitaba:

Sala maleko, Sambia y Doña María
que cubre a Sambia.
Con licencia San Pedro, San Roque,
San Sebastián Cachimba, Mamá Canasta,
Kiyumba Nkuyo, Cuatro Esquinas,
Guardiero Nganga, etc., etc.

Un Sarabanda es la primera Prenda que recibe un "rayado" en la Institución de Andrés Petit, a los que la Inspiración manda que se les dé y a los que el Padrino quiere ayudar.

Llamado a alcanzar la dignidad de Primer Mayordomo, M. no me ocultó que esta Prenda que le entregaron después de su Primer Paso la fabricaron tres sabios hijos de Sarabanda con: tierra de siete sepulturas[1], tierra de siete iglesias, arena de mar, de río. Siete tierras de siete presidios y del Tribunal de Urgencia, de tres Juzgados, del Vivac, de la Cárcel y de la Cárcel de Mujeres. De la Audiencia, del Tribunal Supremo. Teirra de cuatro plazas, del Mercado, de las cuatro esquinas. Siete metales, veintiún palos de monte, siete camadas de tierra de bibijaguas. Cenizas de horno de panadería. Tres piedras de la Virgen de Regla, tres de la Caridad del Cobre, tres de Santa Bárbara. Tierra del Sarabanda del Fundamento —de la "carga" que

---

[1] Santo.

[2] De las sepulturas de siete Padres, Madres o hermanos de la Institución cuyas Inspiraciones hayan sido muy conocidas, como Andrés Valdés, Rita Rodríguez, Timoteo, Padre Tronco va Ceiba, Monte Carmelo, Siete raya riba Nganga, Mamá Canasta, Iara, Isabel, etc., etc.

éste encierra–, Kiyumba (cráneo) de perro, corazón de ave, limaya, una bola de cañón, tres clavos de línea, tres herraduras de mulo o de caballo. Un imán, un pito de auxilio, un aro, una flecha que representa a Ochosi, pimienta de comer, un litro de aguardiente, tres gallos prietos. Una cadena para poner en torno al caldero, ceñida al borde.

El Sarabanda de otro informante Kimbisa sólo ofrece ligeras variantes con la explicación de M.:

Secreto de Sarabanda: jutía, gallo negro, perro negro, Nfumbe (huesos de muerto), veintiún palos, sacu-sacu, tierra del Cementerio, de la raíz de la ceiba, de un cuatro caminos, de un bibijagüero, arena de la orilla del mar, del río, sapo, pájaros, mayimbe (aura tiñosa), carpintero, judío, un tarrito de venado, un Crucifijo, tres herraduras, cuatro clavos de herrar, una piedra imán, azogue, una piedra encontrada en el camino por quien va a recibir Sarabanda, nueve mates, peonía, velas, la sangre de un chivito negro y tres medios de plata.

M. "que todo lo hacía con Sarabanda", rezaba:

Sarabanda pé mañunga,
Sarabanda kimbusi kimbansa
Sarabanda yo a ti rogando
Sarabanda cosa bueno
Sarabanda tu vititi
Sarabanda cosa lindo
Sarabanda tu viviti.
Si hay malembo en los caminos
Sarabanda pé mañunga
Sarabanda kimbisi kimbansa
Sarabanda tu me güiri
Sarabanda tu son cosa bueno
Sarabanda yo a ti rogando
Sarabanda abre camino
Sarabanda vence lo malo
Sarabanda son los vientos
Sarabanda palo duro.
Sarabanda son mayimbe
Sarabanda susundamba
Sarabanda Palo Monte
Sarabanda todos los hierros
Sarabanda con tu kakokula
Sarabanda con tu centinela

Sarabanda con tu mayordomo
Sarabanda yo a ti lingando
Sarabanda kimbisero
Sarabanda kimbisi kimbansa.

y "nsalaba", purificaba, despojaba con los elementos que indicaba Sarabanda: un gallo o un pollo negro, maíz, jutía, frijol negro y arroz, coco, rompezaragüey, ciguaraya, piñón botijo, aguardiente, tabaco y tres centavos de derecho.[1] El "despojo" se depositaba en la línea del ferrocarril. No olvidemos que Sarabanda es el mismo dios Ogún de los lucumí (o Yorubas), dueño de los hierros.

Juan Banso me explica cómo se prepara a una persona que ha de ser "caballo", medium −ngombe o nkombo, como suelen llamarlos los afiliados a las Reglas de congos.

"Se lleva una ropa suya al cementerio, se entierra y se deja allí enterrada siete días. Se le dan tres baños de hojas de cuaba, amansa guapo, jagüey, ceiba, ciguaraya, sacu-sacu, kimbansa y aguardiente. Después de cada baño tragará un buche de esa misma agua. Después derramará un chorrito de ella en una ceiba, en una palma y en la Prenda ante la cual lo rayaron. Se va al cementerio, se retira la ropa y en su lugar se deposita un centavo. Entonces le tajan las cruces en la carne".

Quiere decir que para recibir Inspiración o "pasar muerto" es preciso estar iniciado.

"La vista se lava todas las mañanas durante siete días consecutivos con agua de río y de mar depositada en una vasija con un Cristo y un nkobo. Transcurridos otros siete días se vuelve a recoger agua de río y de mar para emplearla entonces durante veintiún días".

Todo kimbisa −como el practicante de cualquier Regla de origen africano, ya sea ewe, bantú o yoruba−, "lava, purifica, refresca y da de comer a su cabeza". Para este primer rito el Padre, la Madre y el Mayordomo emplean una palangana blanca −que no es de uso doméstico sino de las reservadas a los Santos−, deslíen en ella hojas de algodón en agua de coco y en agua bendita y lavan la cabeza con jabón de Castilla. Se santigua, se pone en ella y en los pies un poco de maíz tostado, babosa y manteca de cacao y se cubre la cabeza con un pañuelo blanco durante un rato. El pañuelo con el maíz, las babosas y la manteca de cacao se llevan a un árbol que dé sombra o se colocan debajo de un matojo, cuidando que no le castigue el sol.

---

[1] Obsérvese en qué proporción fabulosa han subido los "derechos" que por cualquier servicio se hacen pagar hoy en el exilio, los Santeros y Paleros.

"Para refrescar la cabeza o el Angel de la Guarda que reside en ella, se lava con jabón legítimo de Castilla y se enjuaga con un agua que se prepara con flor de campana, hojas de algodón, de almendro y de colonia, vicaria blanca, anutillo blanco, yerba la Niña y alacrancillo.

Para "rogar", dar de comer a la cabeza: se santigua, se le unta cascarilla de huevo, se le ponen pedacitos de coco, de manteca de cacao, jutía, pescado ahumado, dos granos de pimienta, miel de abeja, algodón y se le sacrifican dos palomas blancas. Se envuelve la cabeza en un pañuelo blanco. Después se pregunta "qué camino se da a la rogación", si se comen las palomas, si se deposita en la loma o en la iglesia, envuelta, naturalmente en el pañuelo.

Los despojos que se practican en los Templos del Santo Cristo del Buen Viaje, formarían por sí solos un grueso volumen. Anotaremos los que prefiere la Madre... (no quiere ver su nombre en letra de molde).

Ella "limpia" mucho, despoja con: rosas blancas, rojas y amarillas. Colonia, Agua de Florida y agua de rosas. Derechos $1.50. (En aquellos días felices en que "la Religión no arruinaba a nadie".)

Con tres ramas de romero, tres de laurel de la India, tres de jagüey, tres de mejorana, tres de rosa blanca, tres de rosas rojas, tres de rosas amarillas, tres clases de esencia, tres botellas de agua de tres bodegas distintas. Derecho $2.50.

Otro "despojo": santiguando con tres ramos de flores y rezando tres veces la oración de San Luis Beltrán. Se extiende una sábana blanca, se pone una palangana llena de agua clara con tres huevos dentro, para que la persona que es objeto de esta nsala se mire hasta la terminación del despojo, tres velas, y luego, en nombre del Espíritu Santo se le presenta una paloma y con ella se le describe una cruz en el pecho, en la espalda y en la cabeza y se echa a volar la paloma. Derecho $2.50.

Las limpiezas que ordena Tiembla Tierra, Mama Kengue las hacía con una paloma blanca, algodón de la planta, coco, atipolá, bledo blanco, babosa, nuez moscada, agua bendita, incienso, mirra, un género blanco, y se despositaba en una loma.

Las de San Lázaro: con una gallina, piñón, ciguaraya, escoba amarga, ajonjolí, velas, tabaco, aguardiente y un poco de vino seco. Se llevaba a una sabana y se dejaba todo esto en un sitio donde creciera la yerba escoba amarga.

Para Siete Rayos: un gallo colorado, un pedazo de ala de paloma, ciguaraya, artemisa, velas, aguardiente y tabaco. Se deja al pie de una palma Real, árbol predilecto de Siete Rayos (Nsasi, Changó, Santa Bárbara.)

Centella: una guinea, perejil, maní, yerba de la Niña, maíz, coco, ciguaraya, piñón, incienso, nueve géneros de distintos colores. Se lleva al cementerio, pues Centella, equivalente a Oyá, es Señora del Cementerio, diosa de la Muerte.

La limpieza de la Caridad del Cobre, Cholá, Mama Choya, se ejecuta con una gallina amarilla y una tela de este mismo color, que es el que aficiona la Caridad; romero, helecho, limo de río, zazafrá, harina mezclada con arroz, perejil, coco, girasol, botón de oro, incienso. Se hace un makuto, se envuelven todas estas especies en la tela amarilla y se envía al río "donde está Mamá Chola".

Para Beluande, Yemayá, la Virgen de Regla: un pato, limo de mar, coco, verdolaga, ciguaraya, piñón botijo, siete pescaditos, un poco de aguardiente mezclado con agua de mar, y se lleva al mar.

Mama X. creyó que me había dicho más de la cuenta, algún día, si me decidía a "entrar" (a iniciarme) sabría muchas cosas más. Mientras tanto me recomendó que me diese unas fricciones "muy saludables" de alcohol, salvia, romero, zazafrá, trebol de dos clases, albahaca, piñón botija, agrimonia, yerba de Santa Bárbara, ruda y zargazo; y para conservar la suerte me bañase de tiempo en tiempo con diecisiete flores blancas, cinco flores amarillas, benjuí, harina, miel y agua bendita.

Si alguien se preocupa justamente por la duración de su felicidad, quizá le aproveche la receta de aquella amable kimbisa, a la que ojalá no se le haya nublado su estrella bajo la acción destructora de la estrella roja que brilla sobre Cuba.

Más comunicativos, J.M. y M., me dieron algunas nociones de cómo se preparaba una "Prenda de Nsasi".

—"Este es el tratado[1]: lavo una cazuela chica y nueva con pata de gallina, mazorcas de maíz, ceiba y canutillo bien ripiadas, un pedazo de yeso blanco, otro de tabaco, un poco de polvo, un chorrito de miel de abeja y aguardiente y le lluevo ceniza bien fría. Hecha esta operación le dibujo una cruz con yeso blanco y empiezo la segunda operación: la primera tierra que se pone es la del cementerio, después se echan todos los rastros que se quieran. Se agregan los palos, siete, catorce, veintiuno. Se coloca un Matari Nsasi, una piedra de rayo, siete, catorce, veintiún perdigones. Se llena de chapapote, se derrite cera amarilla y se colma la cazuela. Encima se fija un Crucifijo y sobre el Crucifijo un collar de todos los colores que quiera

---

[1] Tratado; la forma de construir el amuleto y los componentes que se emplean.

lucir Santa Bárbara".

Por distinto conducto obtuve este otro "Tratado de Nsasi" que transcribo textualmente:

—"Vive en la Palma en el Monte y en el Río. La Jicotea —furú— es su animal y sobre su caparazón, en la parte de afuera, se hace una firma, y en la de abajo, la del Fundamento. Los palos favoritos de Nsasi son el cedro, la palma real, la salvadera, el jagüey, el álamo, el paraíso, la ceiba. Los cogollos de estos siete palos, con la jicotea, se ponen en una cazuela con dos colmillos de caimán —gando mundandansa— y una piedra de rayo que se lava con artemisa, hojas de palma, de paraíso, ceiba, cedro y grama. Siete babosas, tierra de palma y de ceiba, de mar y río, de cuatro caminos y del cementerio, del centro del cementerio y de la parte de la tumba que corresponde a la cabeza del que esté sepultado en ella. Cuatro cascos de carnero y dos tarros, y sobre todo esto que lleva la Prenda, un collar de cuentas rojas y blancas y un Crucifijo".

(Los kimbisas conocen bien los misterios y virtudes de los palos. Van con frecuencia al Monte, donde "no se entra sin invocar, rezar tres Padre Nuestros y un Ave María.

> *Mensajero de los Montes*
> *Mensajero de la misión*
> *anda pronto y vuelve pronto*
> *Y tráeme ordenación.*

El resto no se puede decir.)

El Tratado de Cholá es el siguiente: —"Se cogen diez falanges de dedos de las manos y diez de los pies, parte del hueso de la frente y dos canillas que se colocan en forma de X. Ntoto —tierra— de abajo y de arriba de la fosa y tierra de las cuatro esquinas. El derecho que se paga es de $7.25. Para componerla tiene que contarse con personas que tengan un mismo corazón...

Se necesita una cabeza de pavo real, una jicotea, dos guabinas, dos gallinas amarillas de las que se coge el corazón y la cabeza. Una lechuza —manianfunga—, una cotorra —nkuso—, un arriero, un carpintero, que sean hembras. Una piedra imán que se pone en el Fundamento, un pedazo de plata, un medio de plata, un pedacito de oro y cobre, estaño, hierro, acero y siete palos que sean adictos a Cholá. Arena de mar, de un ojo de agua y de pozo. Esa agua se mezcla con todo, se mete en una botella y se coloca en el fondo de la cazuela con un panal de miel de abejas y un panal de avispas, mierda de puerco y un aura tiñosa. Se le añade comején. Los siete palos que no le he dicho son: cuaba, tengue, San Ramón, aguedita, jocuma, yaya,

73

sacu-sacu. Además agua bendita y azogue."

Es rara la presencia del excremento de cerdo si se piensa que Cholá, en "camino lucumí", es la diosa del amor, bella, amante de los perfumes y del lujo, y aunque en uno de sus avatares es bruja y compañera del aura tiñosa, el pájaro que sólo se alimenta de carroñas. Como no es menos de extrañar que haciendo los Kimbisa del Santo Cristo del Buen Viaje un uso exagerado de sahumerios de incienso y de perfumes se tropiece tan a menudo con olores nada gratos, como el excremento seco de vaca negra y azúcar o de tarro de buey quemado, aunque se acompañen de incienso.

TRATADO DE CENTELLA – OYA

Su Prenda se construye con un cráneo humano, una piedra de rayo, tierra de nueve sepulturas y un medio de plata. La cabeza y las patas de una guinea, nueve palos, siete mates, nuez moscada, maní —se dibuja su firma en el fondo de la cazuela—, arena del mar, del río, tierra de una encrucijada, de un bibijagüero, de una palma y de un jagüey. Y un Crucifijo.

Mama Linda es el nombre de una Nganga que bebe vino seco y canela los viernes y se cubre con siete pañuelos.

—"Cuando Mamá Linda hace un trabajo que vale la pena, se le da un pollito tierno, y si es necesario, se le pone limalla en un plato. Se toman un huevo y tres mates y se colocan encima de Mama Linda; los dos primeros mates se rocían con vino seco, y al cumplir[1] se le da el tercer mate. Se colocan cuatro cabos de vela alrededor de un plato, ella está en el centro: frente al plato, en la parte inferior se pone un montoncito de pólvora, y en el superior, en línea recta, tres.

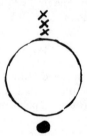

Cuando se enciende la pólvora se lleva el huevo a la puerta y se rompe, pero si es posible, es mejor zumbarlo al tejado".

---

[1] Al obtenerse el resultado apetecido.

74

Aquí la técnica es francamente conga... Al escuchar "cómo se anda con la Prenda" y tomar nota, recordamos a los viejos mayomberos que ignoraban los estatutos y plegarias del Santo Cristo del Buen Viaje, y nos cantaban mambos muy parecidos a los que este kimbisa me cantaba. Por ejemplo:

> *Temporal tumba palo como no tumba ojo.*
> *¡Eh! vamo allá Batalla Sierite la loma*
> *No digo Madiata Guiaguó guiaguó*
> *Barikoso dayo lindero cimbra ciguaraya*
> *Macreto bilongo...*

—"Para trabajar con la Nganga Madre, que es la nganga principal, si es cristiana se hace esta firma:

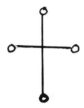

y el Padre, descalzo dice:

> *Chamalongo malongo chamalongo menanda,*
> *Vengo con permiso de Dios, ¡Dios!*

Los Ngueyes contestan:

> *Malemboé Malemboé*
> *Bueno día Prenda mía*
> *Arranca, que andamos mal.*

Se canta:

> *Interó ko ko ko nfinda tá.*

El pájaro picador cuando pica un palo no lo deja hasta que le abre agujero.

Si la pólvora arrasa con las pilitas responde que todo está bien, el Padre traza esta otra firma y vuelve a encenderla.

75

Se arrodilla frente a la puerta, pone en la palma de su mano izquierda un montoncito de pólvora y reitera las gracias quemándola. Entonces dice:

Nsunga, nfula mbara

Los ingredientes indispensables para bautizar una piedra y colocarla sobre la pieza que ya es cristiana son: cenizas, sal, yeso, masango —maíz—, una vela, un genero del color que le corresponda al Fundamento. Bautizada la Prenda, se pone en el centro de la cruz dentro del círculo de esta firma".

Al Nkombo-Palo, Ngombe o Mbu —el medium en trance—, se le dice: (copiado al dictado)
"Santo Tomás ver y creer. Con licencia Sambia, con licencia Santa Bárbara bendita, con licencia Viejo Nkobo, con licencia Ogún Meyi. Oyá quita la yezca a todos los Santos. Nkisa Padre Nsambi —y se le pone en la mano derecha la kimbansa[1], y en la izquierda cualquier pieza del caldero. Se amarra en la cazuela el pañuelo que tiene Zapatico —la Prenda.
Se canta: Santo Tomás ver y creer.
Se le hace al medium una cruz en la mano derecha, otra en la izquierda, en los pies y en la nuca, y se le presenta sobre la cabeza, en este caso, la Prenda Zapatico. El Padre dice:

---

1 Kimbansa, grama.

76

¡Carajo Zapatico yo quiero ver, manda que vea ojo!
¡Carajo, yo tá mirando a tódo el mundo!
Día que tu diga mentira la mar prende candela,
Jarabata dumba consaya va subí loma.
Tu arrastra cola en tiempo fangi.
Tiempo seca tu subí saya. ¡Yo quiero ver!
Si hay Dió, hay Dió, hay Dió, el mundo susta.
Yo no asuta, yo te manda, tu responde.
¡Ma rayo parta, carajo, yo quiere vé!
Si tu no sive yo te bota, si tu no camina
Yo te da candela, yo te manda Mundo tiembla.
Hay dió, hay Dió, hay Dió Zapatico,
Malako dumba con saya va subí loma
Santo Tomas ver y creer. Con licencia Sambia
Arriba, Sambia abajo, con licencia Padre Nkisa,
Padre Nganga, Padre Eleguá, con licencia
Santa Bárbara, primero Sambia que tó la cosa...
Oyá quita leka Mama busukú da licencia.
Viejo Ekobo me acompaña, Elio el chino da licencia.
Buena noche, buena noche Padre Nganga.
Si son tarde, buena tarde, si son día,
Bueno día.

Aunque los Padres y las Madres de la Institución nos han dicho tantas veces que sólo hacen el bien y condenan la hechicería, es lógico que si aprovechan todas las fuerzas del cielo y de la tierra, utilicen también las del infierno, al Diablo, y que no falte lo que se entiende en términos de Mayombe, las Ngangas judías.

Los kimbisa trabajan también —y no poco— con Satanás, ese Lungambé que baila con un solo pie y de quien dicen:

> *Lungambé no quiere a nadie*
> *Lungambé mató a su madre*
> *Lungambé mató a su padre*
> *Lungambé no tiene amigo*
> *Lungambé es gangulero*
> *Lungambé los Malos Palos*
> *Lungambé los Tronco Ceiba*
> *Lungambé los Tata Nfungue, etc.,*

y pueden jactarse como los peores brujos —ndokis— de la maldad de sus ngangas:

Mi nganga son pañuelo luto
Mi nganga son kiyumban fuiri
Mi nganga son lo indiambo
Cifra cifré mi tormenta
Cifra cifré ya son las horas mi tormenta
Sambiampungo ¡mal rayo parta!
Lo Sarabanda ¡mal rayo parta!
Lo tronco malo ¡mal rayo parta!
¡Mal rayo parta a Kiyumba Nkisa! etc.

Pero pasemos por alto las malas obras de los que pactan con Lungambé, y ya que J.T. me lo permitió trasladamos aquí algunas de las buenas obras que a diario practican los Padres y Madres de la Institución.

Para que prospere una persona que se haya en mala situación:
—"Despojarla con un pollo negro, maíz, apio, coco, cascarilla de huevo. La sangre del pollo se le ofrenda a Eleguá. Luego la persona se dará tres baños con artemisa, albahaca, incienso, agua de Florida y le encenderá una vela a la Divina Providencia y al Angel de su Guardia.

Para que triunfe un negocio:
—"Se machacan cuatro hojas de caimito y se exprimen. A este jugo le echa vino tinto, vino seco, miel y agua. Se riega en la puerta de la casa y en las esquinas. Vuelven a machacarse las hojas con pescado ahumado, jutía y manteca de corojo. Con esto se forman dos bolas y se le pide a Eleguá que quite cualquier obstáculo que impida el éxito del negocio. $3.50."

Para que algún Eleguá no se achante y trabaje, se limpia tres lunes seguidos con un huevo. Al dar las doce del día, desnudo, el kimbisero rompe el huevo encima de Eleguá —sobre la piedra que lo representa y en que reside— y ésta se expone al sol aunque sea por espacio de cinco minutos. $3.15.

Para obtener dinero un hombre o una mujer:
Si se trata de favorecer a un hombre, vergonzosa hembra. Si a una mujer, vergonzosa macho. Dos semillas de canistel, tres cáscaras de granada bien secas, se machacan y se hacen polvo. Este polvo se pone encima de Ochún durante cinco días. Se rocía con agua bendita y con agua de Florida. Al cumplirse el quinto día se ruega, se retiran y se paga a Ochún un derecho de cinco centavos. Esos polvos se mezclan con los que tiene en su casa para su uso diario.

Las "Asistencias" que se solicitan de los Santos para obtener lo que se desea son tan efectivas y tan numerosas que todas las fórmulas que J.T. me ofrece ocuparían demasiado espacio. Me limito a copiar tres para conquistar el amor de una persona esquiva:

Encomendándose a Ochún se llena un vaso de agua, zumo de naranja agria, vino seco, siete clavos de comer, miel para los siete Poderes Astrales, y si de quien se trata es un hombre, una bola de alcanfor. El enamorado o enamorada mal correspondido dirá: "En nombre de Dios y de todos los Seres que quieran acompañarme. Tú (se dice el nombre de la persona amada) eres amarga como la naranja agria, pero te endulzo en el nombre de Ochún. (El alcanfor tiene por objeto aislar al hombre de otras mujeres.)

Esta otra Asistencia para atraer es muy sencilla y conocida:

En una copa con agua se echa azogue y la clara de un huevo, se pone al sol y se pide: así como el azogue nunca está quieto, así Fulano (el nombre del sujeto) no halle sosiego hasta que no venga a mí." Un vaso de agua, una cinta de hiladillo, majagua, un anzuelo, un pedazo de algodón y tres cucharadas de azúcar blanca en el nombre de Fe, Esperanza y Caridad. $1.05.

Con el mismo objeto se preparan y encienden lámparas.

Para atraer: precipitado blanco, amarillo y rojo. Miel, aceite de comer, aceite de almendras, y en cinco papelitos el nombre y apellidos de la persona amada que se atraviesan con cinco alfileres. Se enciende la lámpara un día sí y otro no hasta completar los cinco días que debe arder.

Para atraer con Cholá Ebola Wengue (irresistiblemente). Miel, grageas, canela, vino seco, benjuí, harina de maíz, azogue, un huevo de guinea, cola de alacrán, astillas de jagüey, aroma, de la parte de abajo de la planta, cuaba, sacu-sacu, palo pimienta, guano, polvo de ratón, ortiguilla, polvo del zapato de un muerto, pata de araña y carbón.

Esta lámpara "para bueno" que se le enciende también a Ochún para atraer, debe actuar de modo más suave y persuasivo: aceite tranquilo, aceite de oliva, aceite de almendra, miel rosada, azogue y un huevo.

O esta otra: valeriana, adormidera, bálsamo tranquilo, azogue, miel y en el fondo del recipiente, escritos en dos papelitos que se colocan formando una cruz, los nombres de la persona amada y de su pretendiente. Aclara que no solamente a Ochún se le encienden lámparas para conquistas amorosas. A todos los Santos se le encienden lámparas para lograr la realización de un anhelo, y una hija de Mama Kengue –de Obatalá– que siempre la protegía, preparaba en un plato la que prendía cada cierto tiempo, con aceite tranquilo, de almendra, de algodón, de comer. Siete almendras, siete pedacitos de cascarilla de huevo y ocho mechitas de algodón.

Y así como se hacen "Asistencias" y lámparas, se componen polvos como hemos visto, para otros fines, como ganar dinero, atraer y seducir. Para esto J.T. encarecía los de: sándalo, talismán, mejorana, geranio de rosas, yerba buena, una cruz expuesta al sol, prisa y embeleso. $1.50.

Otra: Flores de botón de oro, embeleso, maravilla, polvos de ámbar, coral y azabache. $1.50.

Para mí, siempre viva, coralillo, mejorana, campana, un panal de abeja, canela, oro y plata. $2.50.

Y si un hombre se empeña en que una mujer lo ame a la fuerza y va al kimbisero, éste procede en la forma siguiente: "Busco un erizo, un guizazo de los que se pegan a las colas de los caballos y lo pulverizo. Juro ese polvo. Se le unta al interesado en la mano izquierda para que se la dé a la mujer cuando la vea. Tan pronto ese hombre ha logrado su deseo y se gana la confianza de la mujer, vuelve y le raspo las uñas, las de las manos y las de los pies; los calcañales y los sobacos. Ligo los polvos con un poco de agua, los juro en el Fundamento y se los entrego para que se los dé a tomar a la mujer en un refresco, en un helado o en un dulce."

(M. sabe de un ligamen, un amarre, que en su concepto es el más seguro y que puede recomendar basándose en la experiencia: —"Se jura siete veces un carretel de hilo. Con una aguja se atraviesan los ojos de una guinea; con esa aguja y ese hilo el hombre o la mujer que desea dominar y hacerse amar por quien ha despertado en él o en ella una pasión, buscará la manera de coser su ropa.)

"La mujer que amarramos con majagua y ésta se entierra, no se irá nunca del lado de su hombre." Se jacta un Apóstol de la Luz.

Con polvos se hacen también diabluras. Los fieles del Santo Cristo del Buen Viaje no lo niegan, y J.T. me facilita otras fórmulas.

—"Cuando se quiere desbaratar una casa, salar a su dueño o a los que viven en ella, se muele vidrio, kiyumba de perro, de gato y de cristiano, aroma, vergonzosa, palo Ndoki, pimienta del mar, de China, de Guinea y de la corriente, casa de avispa, cáscara de maní, azogue, pluma de tiñosa. A las doce de la noche se juran todos los polvos con un cabo de vela que tiene que ser robado".

También se desbarata una casa con pimienta de Guinea y de China, tierra de cementerio, semilla de cardo Santo. Se tuestan, se machacan y se riegan en la casa del que se odia."

O con polvos de excremento de puerco, de perro, de chivo y cenizas. Se lanzan en la casa que habite.

Se desgracia a una persona con excremento de león, platanillo de aroma, miel del diablo, aceite de comer, pezuña de cochino, semilla de piñón. Con todos estos ingredientes se hace una bola y se arroja en su casa.

80

Se deshace un matrimonio con avispa, aura tiñosa, lechuza, cabeza y dedos de nfumbe (muerto), pimienta de tres clases y yerba mora. Se viste de negro una vela, y si se quiere se rellena con estos polvos un huevo de guinea...

—"Se rompen amores, se separan amantes, con una cruz de perejil y otra de piñón botijo. Se destroza una paloma encima de la persona que desea desunirlos y otra paloma se le pasa por el cuerpo y se deja en libertad en una manigua con las hierbas atadas en las patas. Se baña al sujeto con algodón, artemisa, albahaca, piñón, atipolá y zazafrás."

Y no falla, dicen, esta operación que enemista y desune para siempre a la pareja más enamorada:

—"Se coloca sobre la Nganga un plato blanco. Se le echan tres pocos de sal y en medio pimienta de Guinea. Se jura sobre la Prenda y se echa un poco de pimienta dentro del caldero. Se le rocía con chamba, se le sopla humo de tabaco y luego se lleva a romper el plato en la puerta de la casa de las víctimas. Cuando se lleva el trabajo, se vuelve el caldero al revés, se le golpea el fondo con un palo y se ata con un género rojo y negro hasta que se vea el resultado del maleficio. Luego se le chiquea, se ahuma, se rocía con malafo, chamba y aguardiente, pimienta de Guinea, China, de la India y del país, ají guaguao, corazón de paloma, anís, canela y palo malambo."

Aunque muy reservado, R.F. consiente en revelarme cómo su maestro enemista o aleja a dos amigos, separa novios, matrimonios o concubinos: en una copa de vino tinto derrama unas gotas de sangre de gato negro y debajo de la copa coloca un papel con los nombres de los individuos que han de apartarse y polvos de pimienta de Guinea. Dentro de la copa enciende un cabo de vela.

Si se trata, no de conquistar el amor de una persona, sino de subyugarla con el fin de apoderarse de todas sus pertenencias... R.F. va al monte antes del amanecer, corta un trozo de bejuco llorón y embotella el líquido que éste contiene. Lo jura con ndoki para que se le administre a ese hombre o a esa mujer en el café.

Contra todos esos peligros se precaven quienes se sienten amenazados —y bueno es estar siempre en guardia— o quienes para evitar cualquier imprevisto, solicitan "resguardos".

—"Un resguardo, una defensa, eso es: un amuleto se prepara y se tiene en cualquier objeto".

Otro de mis informantes, de acuerdo con las indicaciones de la Inspiración, los fabrica en mpakas o tarros.

Un nchila fuerte, fortísimo, por ejemplo, acababa de construirse para un político conocido, y R.F. me enumera las materias que se emplearon en su confección: sapo, murciélago, jicotea, camaleón,

81

caballito del diablo, una gallina negra, cabeza de Mayimbe –aura tiñosa– tierra de bibijagüero, jagüey, ceiba, cuaba, amansa guapo, sauco amarillo, sacu-sacu, rompezaragüey. Aceite, azogue, una piedra imán, otra del Cobre (del Santuario de la Caridad del Cobre) y otra de Siete Rayos. Una semilla de mate. Una moneda de plata y un crucifijo."

Una buena Prenda de mayimbe se hace con su cabeza, tengue, jagüey, cuatro guaninas, un medio de plata, un Cristo y un collar de cuentas blancas".

Un resguardo de Tiembla Tierra contiene una cabeza de paloma, tres tallos de yerba de la Niña, hojas de ceiba (de la parte que la baña el sol), ceniza azogue, limalla y cuentas blancas.

Uno de la Virgen de Regla, Baluande (Yemayá), lleva un corazón de pato seco, un mate de mar, babosa de mar (la de tierra le pertenece a Kengue, Obatalá). Siete yerbas de Yemayá, un mate rojo, azogue, limalla y una moneda de plata.

Resguardo de Siete Rayos, Changó (Santa Bárbara). Una cabeza de jicotea y una cabeza de murciélago, la lengua de un gallo rojo, cambia voz, ayúa, un poco de polvo de huesos de muerto, agua bendita y un medio de plata.

"Guardiero", sinónimo de resguardo, es en el léxico de aquellos amigos kimbisa del Santo Cristo, el nombre del amuleto que nos guarda la casa y nos defiende. El siguiente se construye con una cabeza de ánguila y la cola de una jutía. Un pedazo de majá, polvo de nfumbe –de huesos humanos–, polvos de jengibre, ceniza, veinticuatro granos de pimienta, sacu-sacu y tres clavos.

Los mpakas son cuernos que se rellenan de substancias sacromágicas y con los que se obtienen muchas cosas. Es un amuleto y a la vez un talismán.

J.T. me permite copiar de sus viejos papeles de acólito del Santo Cristo del Buen Viaje este "TRATADO" para cerrar nfindo[1].

–"Dos días antes del Viernes Santo se recogen los rastros (tierras) de oficinas, precintos, iglesias y cementerios, y del monte, estos tres palos los que son los Tres Reyes del Monte: ceiba, yagruma y cedro, y también bejuco verraco, vititi, cambia voz, canutillo, raíz de guachinango, amansa guapo, yaya, tapa camino, ateje, sacu-sacu, masango y con un trocito de cráneo de mujer, un mate y un medio de plata, se rellena un tarro –un mpaka–, se le derrama encima ceniza y se traza una cruz con yeso blanco.

El Viernes Santo a las doce del día se derrite cera de la llama de una vela de la nganga y el Padre se echa un poco en el ombligo. Se

---

1 Nfinda, monte y cementerio.

82

tapa la boca del tarro con la cera derretida y se le pega un mate y un medio de plata. Después de esta operación se le dibuja la firma, se coloca el mpaka ya cargado en el centro y en cada punta una pilita de fula, y se dice: "Nsambia para día nganga. Pare mío menga dialumbo, mensu dialumbro son nganga. Con permiso nfinda cristiano mapiote pare".

El viejo Mabiala fabricaba así un mpaka:

— "Para hacer un mpaka necesito tierra de cuatro esquinas, de una iglesia, del juzgado, del precinto, muela y dientes de muerto, tierras de siete sepulturas y los nombres y apellidos de cada uno de esos siete que están en ellas muertos. Pronuncio sus nombres y les explico para qué los quiero y les pido permiso. Y necesito palo cambia voz, vencedor y yamao. Todo eso se alimenta con sangre de pollo y se mete dentro del tarro, del mpaka. Después de cargado se le mata un pollito indio y se le da su sangre, se rocía con aguardiente y se ahuma con tabaco. El pollito se lo llevo a Eleguá allá en el monte, con permiso de Osain. Para probarlo le digo: Con licencia de Dios y de todos los Santos, con licencia de Nsasi Maluandi, con licencia de Chola Wengue, con licencia de Cabayende, con licencia de Mama Kengue, con licencia de Mama Mpungu, Sambia Bilongo, Sambia Ntoto, yo no Pati pemba, yo no Pati nbade, Santo Tomás ver y creer. Dios Compañero Indio, Dios delante Indio atrás, con licencia puesta la güira caballo tá galuchando. Agua Ngóngore, buena tá pa remedio ¿cómo no curayó? Bilongo congo nunca tesia, día que tesia mundo acabá. Licencia tierra congo, tierra congo son tierra mono. Si é vedá yo quiere vé.

Hago una cruz y digo: Vichichi Bilongo bandankieta, bandian Bumba, Dundu mbaka, Vira Vira Vira Motokolu, calle Nkentia Nsambia. Solelé mata yonso.

Y si la Prenda corresponde digo: Gangankutia. Mentiroso, dame la señá de Santo Tomás ver y creer."

Para las mujeres que se habían lanzado a la lucha por la vida y se debatían en el campo de la política o de los negocios, M. fabricaba este resguardo: polvos de girasol, de verbena, de botón de oro, perejil, piedra imán y del Cobre. Pluma de pavo real, oro y plata. Miel y — "siempre para todo"— un Crucifijo.

Como habrá advertido el lector, la imagen de Cristo crucificado está presente en todos los ritos y "trabajos" de la Institución. No se olvide que fue Petit quien introdujo el Crucifijo en la Sociedad Secreta Abakuá.

En fin, los kimbisa tienen remedio para cada calamidad, y como las visitas molestas caen en el plano de las que podríamos llamar pequeñas calamidades, veamos este "Tratado" para evitarlas:

—"Un clavo, jagüey, palo jicotea, cuaba, sacu-sacu, polvo del zapato de un difunto y polvo de camaleón, de ortiguilla, tierra de una sepultura y el nombre del que molesta".

Para "aguantar lenguas", callar a indiscretos, chismosos, maldicientes, siempre tan numerosos, es indispensable este otro "Tratado": tierra de la puerta de la casa de esa persona indeseable por habladora, siete palos, siete montones de las tierras en que estos árboles han crecido, tierra de cementerio y Kimbansa...

Abundan los trabajos para defender y librar de condenas a los delincuentes, aunque no parece que estos sean ya necesarios si se trata de verdaderos delincuentes.

El Padrino de XX. se ufanaba de haber sacado absueltos de juicio a muchos culpables, y a título de curiosidad y para terminar repetiremos lo que me contaron: lo lograba con una lengua de camaleón, tierra de cementerio, ayuá, amansa guapo, sacu-sacu, rastro del acusador y cera en una paja de maíz, amarrando hacia dentro con hilo rojo, amarillo, blanco y morado un pedazo de género negro el nombre del detenido escrito en un papel y un poco de tierra de la Nganga.

¿Hay Kimbisas del Santo Cristo del Buen Viaje en el exilio? [1] No lo sé pero no lo dudo. Eran, como hemos dicho, muy numerosos en la Habana. En ella hallamos bajo el ligero manto cristiano con que la cubrió el Fundador, mucho más de bantú (congo) que de yoruba (lucumí), y nos ofrece una muestra muy interesante, y digna de ser conocida, del sincretismo religioso de nuestro pueblo.

Miami 1976

---

1 En efecto, hay Kimbisas en el exilio, en Miami, donde la Doctora Isabel Castellanos asistió al rito que describe en su Tesis "The use of language in Afro-Cuban Religion" (Georgetown University), y dónde recientemente he tenido el gusto de comunicarme con un Padre Nkisa, que es además Babalawo y Abakuá, y debo subrayar: de buena cepa. Se encuentran aquí, como en otras localidades del exilio, muchos "paleros" que escaparon del régimen comunista, que se hacen llamar "bueyes sueltos", porque no tienen la guía —"el lucero del Tronco. Fundamento creado por Andrés Petit."